LA JEUNE
RACHEL

ET LA VIEILLE

COMÉDIE FRANÇAISE.

par le Baron de Lamothe-Langon

PARIS,
AUGUSTE LE GALLOIS, ÉDITEUR,
En Vente chez Ollivier, Libraire,
Rue Saint-André-des-Arts, 55.
1838

Indiana

RACHEL.

Imprimerie d'A. René, à Sèvres.

Mlle Rachel.

Lith. Hollier.

RACHEL.

PARIS

AUG. LE GALLOIS, ÉDITEUR.

1838

UN MOT.

Un homme célèbre, et qui connaissait bien les Français, a dit, en leur nom :

Il nous faut du nouveau, n'en fût-il plus au monde.

Qu'on me cite ce qui a de la vogue en France lorsque la nouveauté ne le pare pas. A quelle antiquité faisons-nous grâcieux accueil, si elle ne nous vient rafraîchie par tel ou tel colifichet, qui, en nous laissant le plaisir de nous tromper, nous porte à croire qu'elle est jeune, bien qu'au fond elle ne soit que restaurée.

Tout génie ancien a tort chez nous, et tout ridicule est sûr qu'on lui fera bon visage, pourvu qu'il soit moderne.

C'est notre défaut, notre vice, notre maladie.

Ne pouvant plus supporter la monarchie parcequ'elle datait de quatorze cents ans, nous avons salué la jeune république; plus tard la nouveauté d'un empire nous a charmés; et nous avons ensuite accueilli la royauté avec transport, car elle nous revenait, non sous sa vieille forme, mais habilement restaurée.

Que de fois on a vu changer les modes d'habits, de meubles, d'armes! et la dernière venue a toujours eu une suprématie incontestable sur ses sœurs aînées.

Le calvinisme ne s'est établi en France qu'en vertu de sa nouveauté. Chatel n'a eu chambrée complète qu'attendu l'originalité de son rôle et l'hermaphrodisme d'un culte où l'on ne retrouve rien de l'Évangile ni de la confession d'Augsbourg.

La mode poussa bien longtemps les arts à n'adorer que le beau ; mais le beau fatigue à la longue ; et, quand des esprits bizarres vinrent nous dire que le laid valait mieux, le sophisme parut piquant, et nous applaudîmes.

En littérature on a suivi la même route ; quelques hommes sublimes régnaient sur la scène depuis environ deux siècles au moins ; cette perpétuité devenait assommante ; tout-à-coup, un sot s'est réveillé en criant que Racine *était un polisson*, que Molière *n'avait pas de portée ;* et tous, à ce langage nouveau, nous nous sommes dit : A la bonne heure, ceci est divin! On ne nous avait pas encore tenu ce langage.

Et puis, élevant aux nues *ces enfonceurs* du grand siècle, on nous a vus avec ferveur bâiller ou reculer de dégoût à leurs drames informes. La conscience nous disait bien : Cela est mauvais ; mais la fantaisie mobile, cette reine vaporeuse de notre nation, nous soufflait à l'oreille : Mauvais, soit ; mais c'est neuf, et...

Il nous faut du nouveau, n'en fût-il plus au monde !

Cette passion de la nouveauté amena sur notre premier théâtre des mœurs étranges : les formes triviales, les usages de la multitude ; et à ceux qui se récriaient on affirma que tout cela était dans la nature, soit... Mais si parcequ'une chose est dans la nature il faut absolument la reproduire sur la scène française, qui vous défend de descendre plus bas encore et d'en retirer, avec votre crochet de chiffonnier, de l'ignominie et de la dégradation?

Or, ce besoin de nouveauté, en détrônant la noblesse du maintien, l'élégance de la diction, la grâce du geste, avait jeté sur notre premier théâtre des actrices, des acteurs mieux à leur place aux boulevards et tout-à-fait dépaysés dans la rue Richelieu. Là, il fallait, comme je viens de le dire, dignité, science, formes simples, naïves, courtoises; passions jamais désordonnées où le délire même aurait sa majesté; c'étaient les conditions impérieuses du genre, commandées par le génie et maintenues par la puissance du bon goût. Eh bien! à la place de tout cela, on nous impose tout-à-coup la trivialité du langage et du mouvement; on dégrade les reines et, contre toute justesse, on les contraint à s'énoncer en femmes du peuple : expressions, pensées, actions, tout nous fait descendre au niveau de la boue; et des talents en rapport avec Tiercelin ou Odry déshonorent la scène française sans se relever eux-mêmes; et la dégradation du genre et des personnes tardera peu à s'accomplir.

Tous les théâtres de Paris se glorifiaient d'une foule d'actrices charmantes, riches de grâces, ayant l'esprit de leur position et supérieures en réalité, à condition toutefois qu'elles seraient vues uniquement dans les cadres où d'elles-mêmes leur bon goût les avait renfermées.

Ainsi madame Dorval était sublime à la porte Saint-Martin; ainsi au Gymnase, au Vaudeville, aux Variétés, au petit théâtre du Palais-Royal, nous rendions justice aux talents élevés ou sublimes (toujours dans leur genre) de mesdames Albert, Moreau-Sainti, Déjazet, etc., qui, après avoir tant contribué à nos plaisirs du moment, nous laisseront de longs regrets lorsqu'elles viendront à disparaître. Souhaitons que ce ne soit que dans un temps bien éloigné !

Seule la comédie française restait vide de sujets supérieurs, et notez bien que je ne parle ici que des actrices et encore des actrices tragiques seulement; car à ce théâtre la comédie est jouée par mademoiselle Mars, par mesdames Dupont, Desmousseaux, Anaïs, Mante, Rose Dupuis, Brocard, Volnis, Noblet, Vaïsse, Tousez, et le joli bijou Plessis. La comédie, quoiqu'elle vienne de perdre Mlle Emilie Levers, madame Menjaud, etc., ne peut être mise en bilan de banqueroute, et ne nous laisse rien à désirer.

Mais la tragédie ! la tragédie française, cette déesse, non vêtue de bure et coiffée d'un simple bonnet, non aux habitudes de courtisane, aux manières imitées des sales *musico* hollandais, flétrie de débauche, souillée d'adultère, objet de dégoût pour tout cœur vertueux, de mépris pour toute âme chaste, et qui, en se montrant, forçait à la fuite, ou faisait rougir le front de la femme honnête, de la sage mère de famille, contrainte à se priver d'un plaisir trop imprégné de vice, et où chaque jour elle-même courait grand risque de perdre quelque chose de sa sainte pudeur.

Mais la comédie française, cette déesse pure, noble, grande, sublime, parlant un langage avoué de la saine littérature, de la raison et de la vertu, dont les actions savamment calculées ne descendaient point dans un tragique d'antichambre, ne se perdaient pas vaguement dans les nues; qui n'était point deshonorée par la permanence des loges grillées, sorte de capitulation entre la femme curieuse et qui se respecte, et le dévergondage libertin de la mode du jour; celle-là, enfin, ne se connaissait plus de prêtresses; et l'encens ne brûlait plus sur son autel refroidi.

Abandonnée, tournée en ridicule parcequ'elle régnait depuis plus d'un siècle et demi; sifflée quand elle se montrait entourée de chefs-d'œuvres; poursuivie par des chiens affamés; comment se seraitelle maintenue sur ce trône d'où cherchaient à la faire descendre ces lémures, ces goules qui sous le nom de Lucrèce Borgia, de Tisbé, de Polly Nancy, de Marie Tudor, de Messaline, de Clotilde, nous tourmentaient par des cauchemars insupportables, des fascinations hideuses, et troublaient notre imagination, sans attendrir notre cœur?

Nos tragédiennes mouraient, ou, rebutées, perdaient, en proie à de cruelles et injustes attaques, l'amour de l'art, le goût de la scène, et, réduites au désespoir, attendaient, sans se livrer à de nouvelles études, le moment où, libres d'un esclavage que les journaux vendus à la muse Cloacine faisaient amer de plus en plus, elles seraient rendues, par l'autorité des réglements, à l'indépendance et à l'obscurité.

C'en était fait de notre plus belle gloire; les Pygmées, à la place des Titans, avaient, à force d'entasser des atomes les uns sur les autres, escaladé l'Olympe et mis à la porte les Dieux..... Que dis-je? nommer ces Dieux devenait un ridicule, sinon un crime; on proscrivait en masse la mythologie, Sophocle, Euripide, Plaute, Térence, le siècle de Louis XIV, sans faire grâce même à Voltaire. On proscrivait l'empire entier avec toutes ses gloires, avec ses hommes si supérieurs aux enfants de nos jours (1).

Défense était faite à la comédie française de sortir de l'ornière où la malice des novateurs l'avait embourbée. Aucune voix digne de nous rappeler les chefs-d'œuvre de nos grands maîtres ne pouvait se faire entendre ; et quand ceux-ci, livrés aux bêtes d'un autre cirque, apparaissaient comme des fantômes dans une salle déserte, ces nains grimés en géants, fiers d'une affluence factice, ruineuse autant pour la comédie française que l'absence de foule

---

(1) Nous avons obtenu d'un de nos plus illustres auteurs du jour, le baron de Lamothe-Langon, une Juvénale intitulée : L'EMPIRE ET L'ÉPOQUE DES NAINS, OU 1810 ET 1830, qui traite ce point important. Nos lecteurs nous sauront gré de ce présent.

aux jours où l'affiche portait les noms de Corneille, de Racine, s'écriaient avec un orgueil forcené : *Les dieux s'en vont !*

Non ! eunuques proclamés tels par votre impuissance, vous en avez menti ! *Les dieux ne s'en vont pas;* mais où la Pythie manque, Apollon rendra-t-il ses oracles ? Quels adorateurs viendront dans le temple si les vestales n'y sont pas ? Les fêtes cessent faute de prêtresses. Qu'il nous en vienne, *les dieux reviendront.* . . .

. . . .

La jeune RACHEL a paru ; le culte des vrais dieux a repris ses solennités; la foule assiége notre théâtre national. Voici de retour dans leur splendeur inespérée les beaux jours de la comédie française : Cinna, Andromaque, Tancrède, font des chambrées de SEPT MILLE FRANCS. La canaille du lustre, à ces représentations, ne souille plus le parterre ; et chaque soir, lorsque Mlle Rachel joue, l'orchestre des musiciens est envahi comme il l'était aux beaux jours de Mlle Mars (1)..... Et vous, orgueilleux, vous si fiers hier encore, mettez au jour la somme réelle du produit de vos représentations, soyez francs, et dites-nous avec sincérité quels sont réellement *les dieux qui s'en vont;* et si ce n'est pas nous, qui, dansant autour de ces bustes renversés que vous vous pressâtes trop de vous inaugurer à vous-mêmes, sommes en droit de nous écrier en chœur avec le vrai public : *Enfoncé H.... enfoncé D.... enfoncé S... enfoncé le romantisme !*

(1) Ces beaux jours reviendront lorsque cette sublime actrice, entendant mieux ses intérêts et nos plaisirs, cessera de sacrifier l'ancien répertoire à des productions informes aussi indignes d'elles que de nous, et quand, au lieu d'un méchant drame par soirée, elle voudra jouer dans deux chefs-d'œuvres comme autrefois.

RACHEL.

I

Hors ces derniers jours, où l'effort d'une cabale dégoûtait aux Français les acteurs et les actrices tragiques; où la camaraderie, cette autre déesse de notre époque, tentait d'ériger en nouveaux souverains de l'Olympe rafraîchi, tant de dieux inconnus (*diis ignotis*), et où la mode ignorante, ou indifférente, avait proclamé l'hécatombe de notre ancien répertoire, jamais la scène française n'avait manqué de talents supérieurs, tous admirables dans le genre tragique, le seul dont je m'occuperai aujourd'hui.

La fin du règne de Louis XIII, tout celui de Louis XIV, nous présentent une foule d'artistes qui ouvrent dignement la carrière.

Bellerose (Pierre Le Meslier), en 1629, entra au théâtre de l'hôtel de Bourgogne, occupé principalement par les ignobles parleurs de cette époque où l'art était en enfance. C'était un homme d'esprit; son éducation avait été soignée. Il haranguait au nom de la compagnie (la troupe alors) le roi, les ministres et le public ; il créa les rôles du jeune *Horace*, du *Cid*, de *Cinna*, de *Polyeucte* et du *Menteur*, etc. Le cardinal de Richelieu, qui aimait son talent et estimait sa personne, lui fit cadeau, pour ce rôle, d'un habit magnifique. Bois-Robert prétendait qu'avec cet habit on pourrait, en cas de besoin, dire la messe ; car l'étoffe en avait été prise dans une quantité de velours destiné à confectionner un ornement complet d'église, cadeau envoyé par Richelieu à la cathédrale de Luçon.

MONDORY, émule de Bellerose, né à Orléans, jouait dans la troupe du Marais, qui le fit aussi son orateur à cette époque. Les comédiens, qu'on a dit alors si avilis, jouissaient au contraire du droit de haranguer le roi, les princes, etc., et avaient de fréquents rapports avec les gens en place, les ministres, etc.; ils voyaient bonne compagnie, étaient familiers chez les princes du sang, les grands seigneurs; situation agréable et utile à l'art, laquelle a cessé avec *l'esclavage des comédiens excommuniés.* Les meilleurs maisons leur étaient alors ouvertes. Dès qu'ils sont devenus en entier citoyens, on les a délaissés et ils vivent entre eux.

Mondory joua *Hérode* dans la *Marianne* de Tristan. Frappé d'apoplexie, il quitta le théâtre. Cependant, pour plaire au cardinal de Richelieu, il y remonta en 1638 dans l'*Aveugle de Smyrne;* mais au second acte une nouvelle attaque l'abattit; il dut se retirer. Le premier ministre, par reconnaissance, lui fit deux mille livres de pension. Les seigneurs imitèrent le cardinal, si bien que Mondory reçut de dix à douze mille livres, données tous les ans en récompense de son beau talent. Je voudrais qu'on me citât les *grands citoyens*, les courtisans, les banquiers du jour, qui, par amour des beaux-arts, feraient entre eux quarante mille francs annuels à un acteur. Ces féodaux si odieux aimaient les arts, les récompensaient et les faisaient valoir.

Mondory ne voulut jamais jouer coiffé d'une perruque; il paraissait, disent les auteurs contemporains, *avec de petits cheveux coupés*. Il mourut par suite des efforts furieux avec lesquels il joua Hérode. On lui doit plusieurs pièces de poésie pas plus mauvaises que celles des auteurs secondaires de son temps.

MONFLEURI (Zacharie Jacob) était juif d'origine,

dès-lors doublement gentilhomme, car sa famille comptait parmi les plus anciennes de l'ordre de la noblesse d'Anjou. Page du duc de Guise, il quitta cette illustre maison et alla jouer la comédie en province. A Paris, il entra à l'hôtel de Bourgogne, où il parut dans le *Cid*, dans *Horace*. Entré à ce théâtre en 1637, en 1638 il épousa Jeanne de la Calpe, ex-femme d'un comédien du roi qualifié d'écuyer au contrat de sa veuve signé par Richelieu, qui fit célébrer sa noce à sa campagne à Ruel. Monfleuri fut lui-même auteur dramatique, mérite qu'il partagea avec ses camarades Le Grand, Mondory, Poisson, Hauteroche, Baron, Dancourt, Dorimond, Chevalier, Rosimond, Champmeslé, Bellecourt, La Noue, du Belloy, Monvel, et de nos jours par MM. Alexandre Duval, Picard, Samson, Martelly, Victor, etc., et toi, Molière, toi l'un des hommes-types qui nous offre la littérature universelle, gloire que tu partages uniquement avec Homère, Dante, Shakspeare et notre inimitable Lafontaine.

Montfleuri, en 1647, fit jouer sa tragédie d'*Asdrubal ;* le duc d'Epernon en accepta la dédicace et fit à l'auteur deux mille livres de pension (six mille d'aujourd'hui, et avec lesquelles on faisait ce que nous ferions à peine avec douze mille). En 1667, et en jouant d'original le rôle d'*Oreste* dans *Andromaque,* il se cassa une veine et le sang l'étouffa. Cela s'appelle mourir sur le champ de bataille.

Cet acteur en vieillissant avait pris un embonpoint démesuré ; la faveur des grands lui donnait un orgueil qu'il poussait jusqu'à l'insolence. Ayant déplu à Cirano de Bergerac, celui-ci dit en plein foyer, à propos de l'insulte que Montfleuri lui avait faite : « A cause que le coquin est « si gros qu'on ne peut le bâtonner en un jour, « il fait le fier. » On joue encore de lui *la Femme juge et partie.* Dans la préface de sa comédie de *l'Ecole des jaloux* ou *le Cocu volontaire,* dédiée *à messieurs les cocus,* on lit la phrase suivante :

« En vous dédiant ce livre, je suis assuré, «quant aux exemplaires, que, si chacun de vous

« en achète un, le libraire sera riche à jamais,
« et que, si le quart de ceux que vous êtes me
« fait des remercîments, j'ai des compliments
« à recevoir pour plus de six mois. »

Floridor (Jolias de Soulas), né en Brie, de famille et d'origine allemande, entra comme cadet aux gardes françaises, devint enseigne au régiment de Rambures; mais l'amour d'une actrice qu'il partagea lui fit quitter les armes et monter sur les planches. On prétend qu'il dit à sa maîtresse : « Il y a des amants qui offrent leur « vie à celles qu'ils aiment et qui pour cela ne « meurent pas ; moi je veux vous abandonner « plus que la vie, je vous sacrifierai mon hon- « neur. » (Mém. inéd. de La Loubère.) Il parlait selon le préjugé d'alors, car certes Floridor ne fut pas déshonoré à cause de sa profession. Voici dans quels termes un biographe instruit s'exprime sur son compte. « Nous allons parler d'un des plus grands acteurs qui aient paru sur la scène française, d'un homme qui lui fit autant d'honneur par ses vertus que par ses talents, et qui fut d'autant plus digne d'éloges qu'il n'eut pas de modèle et qu'il est devenu celui de tous les comédiens qui lui ont succédé. »

En 1638 il joua à Saumur, entra à Paris au théâtre du Marais en 1640, et succéda à d'Orgemont, autre premier rôle, fort goûté du public. En 1643 il remplaça Bellerose à l'hôtel de Bourgogne. « Possesseur de tous les talents que l'on désire trouver dans un acteur, il fut, dit Mazoyer, la gloire du Théâtre Français. Il tenait en chef les emplois tragiques et comiques. La beauté de sa voix, la noblesse de sa démarche, la grâce, l'expression de sa physionomie, sa riche taille, tout ajoutait à la chaleur de son âme, à la finesse de son jeu; sa vie privée fut exemplaire. Louis XIV l'aimait, le faisait venir et déclamer devant lui. « La Loubère, dans ses Mémoires inédits, prétend que le prince dit un jour de Floridor : « Quand je le vois jouer, je me surprends à m'inquiéter où il a été roi, car il nous représente comme s'il avait trôné toute sa vie. »

Chaque fois que ses camarades avaient à demander une faveur, ils le mettaient en avant, et à ce propos le roi disait encore : « Floridor remercie avec tant de grâce qu'il double le plaisir de lui accorder. »

Quand Molière, dans sa mauvaise humeur, marqua au pilori immortel de *l'Impromptu de Versailles* les meilleurs acteurs de l'hôtel de Bourgogne, Montfleury, Beauchâteau, Devilliers, Hauteroche, il se tût sur Floridor, hommage tacite rendu au comédien et au citoyen.

Le public d'alors, dont la délicatesse était extrême, souffrait, raconte Boileau, de voir Floridor son bien-aimé remplir dans *Britannicus* le rôle odieux de *Néron*. Racine, par déférence pour le parterre, en chargea un autre acteur; la pièce s'en trouva bien. On sait avec quels transports ceux de notre âge ont applaudi Talma dans ce même rôle; et pourtant quel acteur fut plus chéri et plus estimé !

Floridor joua d'original *Massinissa* dans la *Sophonisbe* de Corneille; l'*Alexandre* de Racine;

Titus dans *Bérénice* ; l'*Antiochus* de Thomas Corneille. Lors de la recherche des faux nobles, en 1668, un arrêt solennel maintint cet acteur dans son droit de gentilhomme ; preuve incontestable que les comédiens français ne dérogeaient pas. Il mourut avant 1675.

CHAMPMESLÉ (Charles Chevillé), fils d'un marchand de rubans établi à Paris sur le Pont-au-Change. Il épousa à Rouen, où il joua d'abord, Mlle Desmare ; en 1669, il fut reçu à Paris au théâtre du Marais ; en 1670, à l'hôtel de Bourgogne. Il représenta les rois avec succès ; sa prestance était noble malgré un peu d'embonpoint ; sa physionomie, sa tournure révélaient la grandeur ; il sentait et disait bien ; on appréciait dans le monde sa politesse, on goûtait son esprit. Il joua d'origine *Polyeucte* de Corneille ; *Mars* dans les *Amours de Vénus et d'Adonis* de Visé ; *Antiochus* dans *Bérénice* de Racine ; *Métellus* dans *Régulus* de Pradon. Homme d'esprit, auteur dramatique, il était gastronome et franc épicurien. Boileau, en 1689, écrivait à Racine, lors de la débâcle des comédiens français contraints de quitter la rue Mazarine :

« De quelque pitoyable manière que vous
« m'ayez conté la disgrâce des comédiens, je
« n'ai pu m'empêcher d'en rire; mais dites-moi,
« Monsieur, supposé qu'ils aillent habiter où je
« vous ai dit (1), croyez-vous qu'ils y boivent le
« vin du crû (2)? Ce ne serait pas une mauvaise
« pénitence à propos de M. de Champmeslé pour
« tant de bouteilles de Champagne qu'il a bues,
« vous savez aux dépens de qui... ? »

Aux dépens de lui Racine ; mais au reste, si le mari avait vidé en partie la cave du poète, la femme avait séduit le cœur de celui-ci ; c'est un point que je traiterai plus tard. La mort de cet acteur fut extraordinaire ; voici comment on la rapporte dans une des éditions de Boileau, celle en 5 volumes in-8°, 1747.

« En 1701, dans la nuit du vendredi 19 au sa-

---

(1) Entre La Villette et la porte Saint-Martin.
(2) Il y avait alors des vignes dans le faubourg Saint-Laurent où le père de Boileau possédait un vignoble.

medi 20 août, Champmeslé rêva qu'il voyait sa mère avec sa femme (cette dernière morte en 1698) et que sa femme lui faisait signe avec le doigt de venir la trouver. Frappé de ce songe il en fit le récit à ses amis qui n'oublièrent rien pour le calmer; le lendemain il joua Ulysse dans Iphigénie, et, pendant qu'on représentait la petite pièce, il se promenait dans le foyer en chantant :

Adieu paniers, vendanges sont faites.

Il répéta même ce refrain tant de fois qu'on lui en fit la guerre. Le lundi matin il alla aux Cordeliers et donna une pièce de trente sous au sacristain en le priant de faire dire une messe de Requiem pour sa mère et une pour sa femme (1); le sacristain voulut rendre dix sous. Champmeslé ajouta : La troisième sera pour moi, et je

(1) Les comédiens d'alors, malgré l'excommunication, étaient pieux ; aussi les estimait-on, et, pour que l'Eglise priât pour une actrice, il fallait que celle-ci se fût réconciliée à notre foi avant sa mort. La religion alors, n'importe laquelle, était chose grave.

vais l'entendre. Au sortir de la messe il prit le chemin de la comédie, et, comme tous les acteurs n'étaient pas encore arrivés pour l'assemblée, il alla s'asseoir sur un banc à la porte de l'*Alliance,* cabaret fameux qui était alors tout près de la porte de l'hôtel des comédiens et qui était tenu par Porel; il y causa avec Sallé, Rosilis, Beaubourg, Desmares et quelques autres de ses camarades qu'il avait priés à dîner dans le dessein de raccommoder Sallé avec le jeune Baron qui s'étaient brouillés pour quelques rôles, car il aimait à voir régner la paix et l'union dans la société. Il répéta plusieurs fois à Sallé : Nous dînerons aujourd'hui ensemble; ensuite il prit sa tête dans ses mains et tomba tout étendu, le visage sur le pavé; on courut chercher promptement le sieur Guichon, chirurgien, qui demeurait à deux portes du café Procope, mais ce fut inutilement, car il dit à Desmares en voyant le cadavre : *Il n'y a plus personne.* Son théâtre est en vers et en prose; on croit qu'il eut part aux petites comédies du célèbre Lafontaine. Cela prouve au moins qu'il voyait nombre de grands hommes, tels que Boileau, Racine, Molière; son éloge est dans le choix de ces noms fameux.

Enfin Baron parut (BARON, Michel Boyron dit *Baron*), élève de Molière et son élève chéri; quel titre à nos hommages! Il était né pour ainsi dire sur le théâtre. Son père, acteur distingué, jouant *don Diègue* du *Cid*, poussa du pied son épée après que le comte de Gormas la lui eut fait tomber des mains; la pointe le blessa à l'orteil; il négligea de le faire panser, la gangrène s'y mit, on proposa de couper la jambe et de lui en substituer une de bois. « Non, dit l'acteur, mes pareils doivent être entiers; je me ferais huer avec ma fausse jambe; mieux vaut la mort que d'être sifflé. » Il décéda le lendemain.

Son fils naquit vers 1647; à dix ans il jouait avec succès parmi les *petits comédiens dauphins*. Là, Molière l'admira et le prit avec lui. Cependant il ne se fixa à Paris qu'en 1670, au théâtre du Palais-Royal où il joua d'original le rôle de *Domitien* dans le *Tite* de Pierre Corneille. Dans

Psyché il représenta l'Amour sans ridicule, tant il était beau, svelte, bien pris dans sa taille, grâcieux et rempli d'élégance. En 1673 il passa à l'hôtel de Bourgogne, et à la réunion des trois troupes en 1680, il fut mis à la tête de tous les bons acteurs. Les rôles qu'il créa furent nombreux; on cite en 1681 *Alamier* dans *Zaïde* de La Chapelle, et *Pilade* dans l'*Oreste* de Royer; en 1685 l'*Alcibiade* de Campistron; en 1686, *Moncade* et *Éraste* dans les comédies de l'*Homme à bonnes fortunes* et de la *Coquette corrigée*; en 1688, *Régulus* de Pradon; en 1691 *Tiridate* de Campistron. Il quitta la scène en 1691 par le rôle de *Venceslas* de Rotrou. Des regrets universels l'accompagnèrent; les efforts les plus grands ne purent le ramener au théâtre de sa gloire. Vingt-neuf ans s'écoulèrent lorsqu'en 1720 il reparut dans *Cinna*; ce second triomphe égala le précédent. L'âge néanmoins le trahissait parfois. Lorsqu'il rejoua le *Cid*, sa chaleur, son accent passionné, sa tournure chevaleresque charmèrent les spectateurs; mais, s'étant mis aux genoux de

Chimène, sa vigueur l'abandonna. Se relever lui fut impossible, et, pour l'enlever à cette triste position, deux comparses durent entrer en scène et le redresser en le prenant sous le bras.

Aucun acteur n'a rempli des rôles aussi nombreux et aussi variés, et, outre ceux que je viens de citer, il s'illustra dans les personnages de *Sévère* dans *Polyeucte;* d'*Horace*, de *Nicomède;* d'*Achille* dans *Iphigénie en Aulide;* d'*Antiochus* dans *Rodogune;* de *César* dans *La mort de Pompée;* de *Pompée* dans *Sertorius;* d'*Œdipe*, de Corneille; de *Don Sanche d'Aragon,* du *comte d'Essex,* de *Scévola,* dans la tragédie de Durier; de *Pyrrhus* dans *Andromaque;* de *Xipharès* dans *Mitridate;* d'*Andronic*, etc.

Dans la comédie il se fit aussi admirer en représentant avec un naturel incomparable *Alceste; Amphitrion; Dorante* du *Menteur; Horace* dans *l'École des femmes; Arnolphe* dans la même pièce; *Pamphile* dans *l'Andrienne;* et *Moncade* et *Eraste* dans ses propres comédies.

Pendant les dix années de sa seconde carrière

dramatique il créa les rôles d'*Annibal*, tragédie de Marivaux ; de *Cambyse* dans *Nitetis* de Danchet ; d'*Egyste*, par Seguineau et Pralard ; de *Misael* dans *les Machabées* de La Motte-Houdart ; d'*Hérode* dans *Marianne* de Voltaire ; de *Glaucias* dans *Pyrrhus* de Crébillon ; d'*Alphonse* dans *Inès de Castro* ; de *Tatius* dans *Romulus* de La Motte-Houdart ; d'*Assuerus* dans *Esther* ; de *Joas* dans *Athalie*. Il fut, dans ce rôle, aussi vrai, aussi sublime que Racine l'est dans son plan et dans ses vers.

Mazoyer a dit : « Cet acteur, qu'on ne pourra jamais louer autant qu'il l'a mérité, possédait la brillante réunion de toutes les qualités dont chacun de ses successeurs, sans même en excepter Lekain, n'offrit qu'une portion plus ou moins grande. La nature semblait s'être épuisée en le formant ; sa taille était avantageuse et bien prise ; sa figure avait le caractère de beauté mâle qui convient à l'homme ; elle prenait un air imposant et fier, tendre et passionné, selon son rôle ; sa voix était forte, sonore, flexible ; sa prononciation nette, facile et d'une grande précision; ses sons énergiques et variés; ses inflexions ajoutaient souvent au sens des vers qu'il récitait; son silence, ses regards, les divers sentiments qui se succédaient sur son visage, ses attitudes, ses gestes, ménagés avec art, complétaient l'effet infaillible de son débit entièrement dû aux inspirations de la nature. »

Jouant *Sévère* dans *Polyeucte*, lorsqu'il avait à dire ce vers scabreux dans la bouche d'un païen :

Nous en avons beaucoup pour être de vrais dieux,

il s'approchait de son confident, lui posait la main sur l'épaule et baissait la voix tandis qu'il regardait autour de lui.

Dans la même pièce, à cet autre vers de son rôle :

Servez bien votre Dieu, servez votre monarque!

il se montrait philosophe, indifférent lorsqu'il en prononçait la première partie; mais à la façon avec laquelle il appuyait sur le second hémistiche, on reconnaissait le courtisan consommé, le favori de l'empereur.

Dans *Mithridate* on admirait avec quelle nuance il savait, dans des phrases simples, manifester sa haine pour son fils *Pharnace* et son amitié pour *Xipharès*. Vis à vis de l'un, sa froideur, son mécontentement éclatait quand il lui reprochait d'avoir abandonné le Pont; et, quand il se plaignait à l'autre de son départ de Calchos, on devinait que cette plainte partait de la politique et non du cœur.

Prince, quelle raison que vous puissiez me dire,
Votre devoir ici n'a point dû vous conduire,
Ni vous faire quitter, en de si grands besoins,
Vous, le Pont, vous Calchos, confiés à vos soins.

Dans les vers d'Achille (Iphigénie en Aulide), quand ce héros, inquiet de ce qui se passe, dit:

Quelle entreprise ici pourrait être formée?
Suis-je, sans le savoir, la fable de l'armée?
Entrons; c'est un secret qu'il leur faut arracher.

Au lieu de les crier, selon l'usage de tous ses

confrères, lui, les débitait avec un dédain calme et plein d'ironie, et comme si la chose eût été trop ridicule par son impuissance pour qu'il dût s'en courroucer.

Il jouait le comte d'Essex. L'ordre de la jarretière, qu'on porte au genou, comme chacun sait, se détacha un soir; sans doute qu'en présence d'Elisabeth ou de la duchesse il n'eût point paru s'en apercevoir, mais, dans ce moment, n'ayant avec lui que Cecil, objet de sa haine, il en profita pour se donner une belle attitude de plus; et, comme pour mieux offenser cet ennemi par une aisance insolente, il posa le pied sur un tabouret et remit la jarretière sans cesser de parler et en tournant momentanément le dos au ministre de la reine qu'une telle familiarité devait mettre en fureur.

Des acteurs copistes, et dès lors sans mérite, s'avisèrent de faire de cet accident, que Baron ne renouvela pas, une tradition; mais, comme ils n'avaient ni la grâce, ni la noblesse de Baron, le geste parut ridicule; et le sifflet les empêcha de se rendre par trop les singes d'un habile homme.

Au reste, son orgueil passait les bornes; il disait sans façon : « Tous les cent ans on peut revoir un César; il faut deux mille ans pour refaire un Baron; et de Roscius à nos jours je ne connais que moi. » Son cocher et ses gens ayant voulu disputer le pas à ceux du prince de la Trémouille, ceux-ci les battirent rondement; voilà Baron qui, dans le foyer, rencontre le prince et se plaint à lui si opiniâtrement du méfait, oppose tant *ses gens* à ceux du grand seigneur, que ce dernier, impatienté, s'écrie :

« Eh! mon pauvre Baron, que veux-tu que j'y fasse? que diable, aussi, t'avises-tu d'avoir des gens? »

Admis dans l'intimité du prince de Conti, qui mangeait et jouait avec lui, Baron, un peu ivre sans doute, se trouvant son adversaire à une table de jeu, s'avisa de ponter en disant : *Va pour cinquante louis, mons de Conti.* — *Tope à Britannicus,* répondit spirituellement S. A. S., en faisant allusion au rôle que Baron jouait la veille. Assurément, si la grossièreté de l'acteur passait les bornes, le prince fit preuve d'esprit et de longanimité.

Dans une séance où Racine lisait une tragédie, Baron l'interrompit avec inconvenance ; l'auteur, indigné, lui dit : « Baron, je vous ai fait appeler à l'assemblée pour prendre un rôle dans ma pièce et non pas pour me donner des leçons. »

Au reste, le grand Racine appréciait le célèbre acteur ; car, un jour où il expliquait aux comédiens l'esprit d'une de ses pièces, il se tourna vers Baron et lui dit : « Pour vous, monsieur, je n'ai pas d'observations à vous faire ; votre âme et votre génie vous en diront plus que mes instructions ne vous en feraient comprendre. »

Le Sage, dans Gil Blas, a critiqué Baron dans sa vieillesse avec une malice trop spirituelle pour que je ne regrette pas de ne pouvoir insérer ici ce passage. C'est dans le chapitre XI du livre III de ce roman admirable ; il y nomme notre acteur *Alonzo Carlos de la Ventoleria.*

J'achève ma notice sur Baron en rapportant une assez longue citation des Mémoires de Collé, que le lecteur me remerciera de lui rappeler :

« Quand j'ai vu Baron, il avait déjà soixante-
« douze ou soixante-quinze ans, et à cet âge on
« pouvait bien lui pardonner de ne pas entrer
« aussi vivement dans les passions que l'eût pu
« faire un acteur de trente ans; il suppléait, du
« reste, à ce défaut par une intelligence, une
« noblesse, une dignité que je n'ai vues qu'à lui ;
« il excellait surtout dans les détails d'un rôle;
« il avait un naturel qui allait jusqu'au familier
« dans le tragique sans en dégrader la majesté;
« il n'était pas moins supérieur dans le comique.
« Je lui ai vu jouer divinement les rôles du *Mi-*
« *santrope*, d'*Arnolphe* dans l'*École des femmes* et
« de *Simon* dans l'*Andrienne ;* il y avait une si
« grande vérité dans son jeu, et tant de naturel,
« qu'il vous faisait toujours oublier le comédien;
« et il portait l'illusion jusqu'à faire imaginer
« que l'action qui se passait devant vous était
« réelle; *il ne déclamait jamais, pas même dans*

« *le plus grand tragique;* et il rompait la mesure
« des vers de telle sorte que l'on ne sentait pas
« l'insupportable monotonie de l'alexandrin.
« Aussi le beau vers ne gagnait rien avec lui ; et
« l'on avait de la peine à démêler dans son dé-
« bit s'il récitait des vers de Racine ou de La
« Motte-Houdard ; il ne rendait jamais le vers,
« mais la pensée, mais le sentiment ; il faisait de
« si longues poses et jouait si lentement, que le
« spectacle durait une demi-heure de plus
« quand il y avait un rôle. En sortant de la cou-
« lisse, il s'animait et parlait bas lui seul ou à
« celui avec qui il entrait en scène, et par ce
« moyen il paraissait en action dès le premier
« vers qu'il disait ; il aimait la pompe théâtrale,
« et, quand il jouait quelque rôle d'empereur ou
« de roi, il se faisait toujours précéder de huit
« ou dix gagistes habillés à la romaine.

« Je me souviens, à propos de cela, que, re-
« présentant le grand-prêtre dans Athalie, des
« gagistes qu'il avait fait habiller en lévites ne se
« présentant pas assez tôt pour un jeu de théâtre

« nécessaire, il cria tout haut : *Un lévite ! un lé-*
« *vite ! comment, par la morbleu, pas un b... de*
« *lévite !* Ceux qui étaient sur le théâtre rirent
« de tout leur cœur de sa colère d'enthousiaste ;
« il était fanatique de son métier ; et c'est un
« grand point pour y réussir. »

Comme auteur réel ou pseudonysme, car on lui a contesté ses ouvrages, et à tort, je présume, il a fait jouer *les Enlèvements*, un acte en prose, 1685 ; — *l'Homme à bonnes fortunes*, cinq actes en prose, 1686 ; — *la Coquette ou la Fausse prude*, cinq actes en vers, 1686 ; — *le Jaloux*, cinq actes en vers, 1687 ; — *les Partages maltraités ou les vapeurs*, un acte en prose, 1689 ; — *la Répétition*, idem, — *le Débauché*, cinq actes en prose, 1689, — *l'Andrienne*, cinq actes en vers, 16 novembre 1703, attribuée au père La Rue, jésuite ; — *les Adelphes* ou *l'École des paresseux*, actes en vers, 3 janvier 1703.

Il mourut le 22 décembre 1729, ayant encore joué Venceslas au mois précédent de septembre. Le célèbre Rousseau le lyrique composa les vers suivants pour le portrait de ce grand acteur:

Du vrai, du pathétique il a fixé le ton;
De son art enchanteur l'illusion divine
Prêtait un nouveau lustre aux beautés de Racine,
　Un voile aux défauts de Pradon.

Entre la retraite de Baron et sa rentrée, un acteur habile entreprit, non de le faire oublier, mais de suppléer à son absence; ce fut BEAUBOURG (Pierre Trochon sieur de), qui débuta au Théâtre Français le samedi 16 décembre 1691, dans le rôle de *Nicomède*. Le public l'accueillit; et il devint sociétaire le 17 octobre 1692; il eut d'abord des désagréments; mais son travail, son zèle, son talent réel finirent par le ranger à la première place.

Ce fut lui qui, jouant *Horace,* et voyant tomber sur le théâtre *Camille* (Mlle Duclos) qui fuyait son épée (les imprécations débitées), oublia son rôle, et plein de galanterie mit son chapeau à la main (car un chapeau galonné et chargé de plumes tenait lieu alors de casque), de l'autre, aida galamment l'actrice à se relever; et, quand elle eut gagné la coulisse, rentrant dans sa fureur, il courut l'y tuer. Il est à remarquer que le parterre applaudit à outrance ce contre-sens de cette époque. La politesse, la galanterie régnaient uniquement; je ne sais ce qu'on a gagné à les avoir bannies; je sais bien ce que nous y avons perdu.

Beaubourg occupa la scène 27 ans. Parmi les rôles qu'il créa, on cite : *Valère* dans *le Joueur*, c'était son triomphe; *Léandre (le Distrait); Rhadamiste* de Crébillon; *Absalon* de Duché; *Joad* d'*Athalie; Agenor* dans *Sémiramis* de Crébillon. Il avait quitté le théâtre le dimanche, 3 avril 1718, par le rôle de *Sévère* dans *Polyeucte*. Il décéda le jeudi 17 septembre 1735.

Le Sage, qui ne l'aimait pas, le peint ainsi dans Gil Blas :

« Vous devez être charmé de celui qui a fait
« le personnage d'Énée; ne vous a-t-il pas paru
« un grand comédien, un acteur original? —
« Fort original, répartit le conteur, il a des tons

« qui lui sont particuliers et il en a de bien ai-
« gus, presque toujours hors de la nature; il
« précipite les paroles qui renferment le senti-
« ment, et appuie sur les autres; il fait même
« des éclats sur les conjonctions. Il m'a fort di-
« verti, et particulièrement lorsqu'il exprimait
« à son confident la violence qu'il se faisait d'a-
« bandonner la princesse; on ne saurait témoi-
« gner de la douleur plus comiquement.

« — Tout beau! cousin, répartit don Alexis,
« sais-tu bien que l'acteur dont nous parlons est
« un sujet rare? n'as-tu pas entendu les batte-
« ments de mains qu'il a excités? cela prouve
« qu'il n'est pas si mauvais acteur.

« — Cela ne prouve rien, répartit don Pom-
« peyo. Laissons là, je vous prie, les applaudis-
« sements du parterre; il en donne souvent aux
« acteurs fort mal à propos, il applaudit même
« plus rarement un vrai mérite qu'un faux. »

II.

Mlles Beauchamp. — Beaupré. — Beauchâteau. — Beaupré. — Béjart. — Des Œillets. — Champmeslé. — Mme de Sévigné. — Les deux Racine. — La Fontaine. — Boileau. — Anecdotes.

J'ai renfermé dans mon premier chapitre à peu près tous les grands comédiens tragiques en possession des applaudissements du public; je vais maintenant passer en revue les actrices célèbres qui ont joué les premiers rôles pendant cette double époque.

Avant 1630 on citait déjà une demoiselle Petit de Beauchamp, fort aimée du cardinal de Richelieu qui, par amour, lui envoya, le matin de la représentation, une robe magnifique et à la *romaine*, sans doute avec un panier et des cerceaux.

Puis vint une demoiselle BEAUPRÉ, assez bonne actrice, au témoignage de Segrais, bien qu'elle reprochât au grand Corneille *d'avoir gâté le métier;* et voici comment elle soutenait son dire : « M. de Corneille nous fait grand tort; avant lui on nous vendait des pièces de théâtre pour trois écus, il ne fallait qu'un mois pour les faire; le public accoutumé à ces ouvrages s'en contentait, et nous gagnions beaucoup, bien que ce fût chose misérable, car des comédiens qui étaient excellents les faisaient valoir. Aujourd'hui les pièces de M. de Corneille nous coûtent cher, sont parfaites, valent plus que nous, de sorte qu'elles rapportent moins et qu'elles s'emparent des éloges qui ne viennent plus à nous qu'à demi. Or, caisse moins remplie, réputation moindre, n'ai-je pas raison de prétendre que M. de Corneille a gâté le métier? »

Mme BEAUCHATEAU, femme d'un acteur, créa

le rôle de *Chimène* dans *le Cid*. On lui reprochait de conserver un visage riant dans la douleur tragique ; elle répondait naïvement que le rôle de jolie femme lui rapportait plus que celui d'actrice. Elle tenait à s'en écarter le moins possible, ajoutant, avec une finesse cynique, qu'au reste ceux qui portaient des plaintes de la gaîté de sa physionomie sur la scène, s'applaudissaient dans la chambre de la retrouver encore.

Mlle BEAUPRÉ, bonne actrice et *virago* belliqueuse, amoureuse d'un jeune et joli coiffeur que lui disputait sa camarade Catherine des Urlis, lui proposa un duel; et ce duel eut lieu sur le théâtre à la fin de la première pièce. Sauval, l'historien, fut le témoin de cette folie dont il ne conte pas l'issue. Mlle Beaupré joua dans la troupe du Marais jusqu'en 1669; elle passa au Palais-Royal; elle y jouait encore en 1672.

Mlle BÉJART, belle-mère de Molière, joua les reines et les mères. Elle créa *Jocaste* dans la *Thébaïde* de Racine.

Mlle DES OEILLETS, actrice célèbre au théâtre,

peu connue dans sa vie privée, débuta à l'hôtel de Bourgogne, en 1658, dans les premiers rôles tragiques et créa principalement ceux de *Sophonisbe* de Pierre Corneille, en 1663; d'*Axiane* dans l'*Alexandre* de Racine, en 1665; d'*Arsinoé* dans *Antiochus* de Thomas Corneille, en 1666; d'*Hermione* dans *Andromaque*, en 1667; de *Laodice*, en 1668; et d'*Agrippine*, en 1669.

Louis XIV appréciait cette actrice, et, en homme de plus de goût et d'observation que maintenant on ne lui en accorde, il disait, relativement au rôle d'Hermione, que, pour qu'il fût joué avec toute perfection, il faudrait que Mlle Des OEillets jouât les deux premiers actes et Mme Champmeslé les deux derniers. Au reste Mlle Des OEillets, en 1670, ayant vu cette autre actrice remplir ce rôle, ne put s'empêcher de dire, en sortant : « Il n'y a plus de Des OEillets. » La beauté, la taille lui manquaient; sa chaleur, son expansion, la force et la souplesse de sa voix la dédommageaient des torts de la nature. Elle fut regrettée universellement à sa mort qui arriva le 25 octobre 1670, à l'âge de quarante-neuf ans.

Mme CHAMPMESLÉ (Marie Desmares, femme de Charles Chevillet, sieur de Champmeslé), naquit en 1641. Son père, fils d'un président à mortier du parlement de Normandie, déshérité par le sien, laissa ses enfants sans fortune. Nicolas, l'un d'eux, alla jouer la comédie en Danemarck. Le roi de ce pays tint sur les fonts de baptême l'une des filles de cet acteur dont il aimait le jeu et le caractère.

La sœur de celui-ci, actrice aussi en province, y épousa Champmeslé. Tous les deux débutèrent au théâtre du Marais, en 1669. En 1670 elle passa à l'hôtel de Bourgogne où elle débuta par *Hermione*. En 1679 elle s'engagea dans la troupe de la rue Guénégaud, et pendant trente ans elle charma le public et fit les délices de la scène. Parmi les rôles qu'elle créa successivement voici ceux dont on a conservé plus particulièrement la mémoire : en 1670 *Vénus* dans *les Amours de Vénus et d'Adonis* par de Visé; *Bérénice* de Racine; en 1672, *Roxane* d'*Athalie*; *Ariane* de Thomas Corneille; en 1673, *Monime* dans *Mithridate*; en 1674, *Iphigénie en Aulide* de Racine; en 1677, *Phèdre*; en 1681, *Zaïde* de La Chapelle; en 1688, *Fulvie* dans *Régulus* de Pradon; en 1691, *Talestris* dans *Tiridate* de Campistron; en 1694, *Médée* de Longepierre; en 1695, *Judith* de l'abbé Royer; en 1697, *Iphigénie* dans *Oreste et Pylade* de La Grange Chancel.

Les seigneurs, les grands poètes du règne de Louis XIV furent les amis de la Champmeslé, et on sait que Racine augmenta la renommée de cette actrice par l'amour excessif qu'il lui voua. Plus tard elle eut le tort de devenir infidèle à cet illustre génie en faveur du marquis de Clermont-Tonnerre, ce qui fit dire au comte de Bussy-Rabutin, en parlant de la belle actrice, qu'*un coup de tonnerre l'avait déracinée.*

Auparavant elle avait partagé l'amour du marquis de Sévigné, frère de la comtesse de Grignan, fils de l'incomparable marquise de

Sévigné, et lui-même un des plus érudits, des plus aimables de l'époque. Sa mère qui, dans sa célèbre correspondance avec Mme de Grignan, parle de la Champmeslé, l'appelle plaisamment sa belle-fille. Le 15 janvier 1672 elle disait : « La pièce de Racine m'a paru belle (Bajazet);
« *ma belle-fille* m'a paru la plus miraculeusement
« bonne comédienne que j'aie jamais vu; elle
« surpasse Des Œillets de cent mille piques, et
« moi, qu'on croit bonne pour le théâtre, je ne
« suis pas digne d'allumer les chandelles quand
« elle paraît. Elle est laide de près et je ne m'é-
« tonne pas que mon fils ait été suffoqué par sa
« présence, mais, quand elle dit des vers, elle
« est adorable. »

On a nié avec raison la laideur de l'actrice; la mère ne voyait qu'une beauté au monde, sa fille, Mme de Grignan. Une autre fois et la même année, le 9 mars, elle dit : « A propos de comé-
« die, voilà Bajazet. Si je pouvais vous envoyer
« la Champmeslé vous trouveriez la pièce bonne;
« elle perd la moitié de son prix. »

Mme de Sévigné, vraie Française, ne voulait avoir qu'une seule admiration à soutenir; Corneille, le poète de sa jeunesse, était son idole; elle ne pouvait souffrir que Racine fût même un demi-dieu.

Au reste, Ménage, ennemi secret de Racine, dont la réputation faisait trop de bruit à ses reilles, a dit aussi, à propos de Bajazet:

« La représentation a fait beaucoup d'honneur au poète, et l'impression encore plus à la Champmeslé. »

Mme de Sévigné écrivait encore, en date du 1er avril 1670: « La Champmeslé est quelque
« chose de si extraordinaire, qu'en votre vie
« vous n'avez vu rien de pareil; c'est la comé-
« dienne que l'on cherche et non pas la comédie.
« J'ai vu Ariane, pour la Champmeslé seule;
« cette comédie est fade, les comédiens sont
« maudits; mais quand la Champmeslé arrive
« on entend un murmure, tout le monde est
« ravi; l'on pleure de son désespoir. »

La Fontaine professait la même admiration

pour cette actrice accomplie; il lui dédia son conte charmant de *Belphégor*, et la loua dans des vers comme il savait en faire et que nous connaissons tous par cœur :

De votre nom j'orne le frontispice
Des derniers vers que ma muse a polis.
Puisse le tout, ô charmante Philis !
Aller si loin que notre loz (1) franchisse ;
La nuit des temps, nous la saurons dompter,
Moi, par écrire, et vous par réciter.
Nos noms unis perceront l'onde noire ;
Vous régnerez longtemps dans la mémoire
Après avoir régné jusques ici
Dans les esprits et dans les cœurs aussi.
Qui ne connaît l'inimitable actrice
Représentant ou Phèdre ou Bérénice,
Chimène en pleurs, ou Camille en fureur ?
Est-il quelqu'un que votre voix n'enchante ?
S'en trouve-t-il une autre aussi touchante,
Une autre enfin allant si droit au cœur ?
N'attendez pas que je fasse l'éloge
De ce qu'en vous on trouve de parfait ;
Comme il n'est point de grâce qui n'y loge,
Ce serait trop, je n'aurais jamais fait.
De mes Philis vous seriez la première,
Vous auriez eu mon âme tout entière,

(1) Loz, *gloire*. Ce mot a vieilli.

Si de mes vœux j'eusse plus présumé ;
Mais en aimant, qui ne veut être aimé ?
Par des transports n'espérant point vous plaire,
Je me suis dit seulement votre ami,
De ceux qui sont amants plus qu'à demi ;
Et plût à Dieu que j'eusse pu mieux faire.

Le sévère Boileau imprimait dans une de ses épîtres ces vers si connus :

Jamais Iphigénie en Aulide immolée
Ne coûta tant de pleurs à la Grèce assemblée
Que dans l'heureux spectacle à nos yeux étalé
En a fait, sous son nom, verser la Champmeslé.

Il est vrai que plus tard, et par amitié pour Racine trompé, il ne craignit pas d'aiguiser cette sanglante épigramme causée par la conduite plus que légère de la fameuse actrice :

Des six amants contents et non jaloux
Qui tour-à-tour servaient madame Claude,
Le moins volage était Jean, son époux,
Lequel pourtant d'humeur un peu trop chaude
Serrait de près sa servante aux yeux doux,
Lorsqu'un des six lui dit : Que faites-vous ?

Le jeu n'est sûr avec cette ribaude.
Voulez-vous donc, Jean, Jean ! nous gâter tous.

Cette actrice célèbre manquait d'instruction et même d'esprit; et ce charme de plus ne la rendait que trop chère à des amants spirituels. Elle demandait à Racine d'où il avait tiré le sujet d'Athalie. « —De l'Ancien-Testament, dit-il ? — Eh ! mais, répliqua-t-elle, vous eussiez mieux fait de le prendre dans le Nouveau; il eût été plus à la mode. »

Quant à elle, l'amour et l'enthousiasme ne l'abandonnèrent jamais. Elle mourut jouant encore. Peu avant ce moment on cherchait à la ramener à de pieuses pensées. « — Bon, bon, disait-elle, si le paradis est un lieu de plaisir on doit y jouer la comédie et, s'il y a un théâtre, Dieu le père ne sera pas fâché de m'y voir débuter. » Elle tenait à la gloire, d'ailleurs, de mourir comédienne. Enfin on toucha son âme, et le curé de Saint-Sulpice alla la réconcilier avec l'Église à Auteuil, où elle s'était retirée. Elle décéda le 17 mai 1698, âgée de cinquante-sept ans, et,

3.

selon Boileau, *très repentante de sa vie passée, mais surtout fort affligée de ne pas la continuer.*

Louis Racine l'a fort maltraitée dans ses œuvres; il a voulu prouver à tort que son père ne l'avait pas aimée. Ce qu'il y a de certain c'est que le grand poète n'eut pas d'elle ce fils bâtard qu'on a dit en être né; elle ne laissa de postérité, ni de son mari, ni de ses amants.

III.

Quinault. — Dufrêne. — Ponteuil. — Paulin. — Sarrazin. — La Noue. — Grandval. — Dauberval. — Lekain. — Molé. — Brizard. — Ponteuil. — Larive. — Monvel.

Le grand siècle touchait à sa fin, et, avec Louis XIV prêt à mourir, les hommes célèbres en tous genres disparaissaient; dans la guerre, on avait perdu successivement Turenne, Condé, Luxembourg; les lettres déploraient Corneille, Racine, Molière, Boileau, Lafontaine; les arts aussi regrettaient tant de grands peintres, d'architectes, de sculpteurs illustres, et le théâtre se dépeuplait de ses excellents acteurs. Ce fut alors que parut, presqu'à la veille du décès du grand roi, l'acteur DUFRÊNE (Quinault-Abraham-Alexis).

Son père était né à Paris et s'était fait comédien ; il jouait les rôles bouffons. Son fils aîné, Jean-Baptiste-Maurice Quinault, homme d'esprit, acteur et auteur recommandable, joua une foule de rôles importants dans la haute comédie, les jeunes premiers et les forts troisièmes rôles dans la tragédie. Retiré le 22 mars 1734, il mourut à Gênes en 1744 ou 1745.

Il dînait avec les pères Tournemine, Brumoy et Rougeaut, trois jésuites célèbres, chez Crébillon le tragique. Une discussion s'éleva sur le genre grammatical du mot *amour*. Crébillon le voulait neutre ; Quinault, féminin ; le père Tournemine, masculin ; on s'assommait de citations, que notre acteur termina ainsi : « Crébillon, dit-il, ayons toi et moi plus de complaisance ; passons l'amour masculin en faveur de la société d'Ignace. »

Le trait mordant porta ; on rit et les jésuites boudèrent.

Dufrêne Quinault, frère puîné du précédent, débuta le 7 novembre 1712 par le rôle d'*Oreste* dans l'*Électre* de Crébillon ; le succès couronna son entreprise. Une taille élevée et noble, des yeux éloquents, un organe enchanteur, une intelligence supérieure, l'art de bien saisir les nuances d'un rôle, son éloignement, surtout, de la déclamation notée mise à la mode par Beaubourg, tout fit espérer qu'il remplacerait Baron dignement.

Voltaire lui confia le rôle d'*OEdipe;* et il contribua à fonder la réputation de cet homme célèbre. Successivement, il joua d'original, en 1719, *Mars* dans *Momus fabuliste;* 1720, *Pallante* dans *Artémire;* 1721, *Valère* du *Mariage fait et rompu; Aman* dans *Esther;* 1722, *Romulus*, de La Motte-Houdard; 1723, *don Quichotte* dans *Basile et Quiterie; don Pèdre* dans *Inès de Castro;* 1726, *Pyrrhus* de Crébillon; 1730, *Titus* dans *Brutus;* 1732, le *Glorieux* de Destouches,

Alcméon dans *Éryphile* de Voltaire, *Orosmane* dans *Zaïre;* 1733, *Gustave* de Piron; 1734, *Vendôme* dans *Adélaïde Duguesclin;* *Énée* dans *Didon* de Pompignan; 1736, *Zamore* dans *Alzire; Euphémon fils,* dans *l'Enfant prodigue;* 1738, *Damis* dans *la Métromanie;* 1739, *Mahomet* de La Noue; 1740, le *Baron* des *Dehors trompeurs,* *Ramire* dans *Zulime.*

Voltaire, reconnaissant, le récompensa par les vers suivants :

Quand Dufrêne ou Gaussin d'une voix attendrie
Font parler Orosmane, Alzire, Zénobie,
Le spectateur charmé, qu'un beau trait vient saisir,
Laisse couler des pleurs, enfants de son plaisir.

Cet acteur poussa loin l'intelligence et le calcul des effets dramatiques. Dans *Cinna*, au tableau des proscriptions, scène III du Ier acte, il était entré cachant derrière son manteau un casque surmonté d'un panache rouge, et lorsqu'il fut arrivé à ces vers terribles :

Le fils, tout dégouttant du meurtre de son père,
Vient, sa tête à la main, demander son salaire,

il montra et agita subitement son casque et le panache rouge; on crut voir la tête sanglante, et un cri d'horreur applaudit l'habile acteur qui, trop homme de goût, n'employa pas le même effet une autre fois ; il avait compris que ce coup de théâtre prévu tournerait au ridicule.

Dans le rôle de Pyrrhus, de Racine, en rapportant à Phocius les paroles d'Andromaque à Astianax son fils, il prenait une voix féminine en débitant ces vers :

C'est Hector, disait-elle, en l'embrassant toujours ;
Voilà ses yeux, sa bouche, et déjà son audace ;
C'est toi-même, c'est toi, cher époux, que j'embrasse.

Reprenant aussitôt des inflexions mâles, il poursuivait avec des accents de colère :

Et quelle est sa pensée? attend-elle en ce jour
Que je lui laisse un fils pour nourrir son amour ?
Non, non...

Ce contraste hardi, soutenu du talent naturel de l'acteur, produisait un grand effet.

Plus haut, lui cria une voix du parterre, — *et vous, plus bas,* répondit le superbe acteur, enivré d'un orgueil fou qui fit le malheur de sa vie. Contraint à demander pardon, il le fit en ces termes : *Messieurs, je n'ai jamais mieux senti la bassesse de mon état que par la démarche que je viens faire....* L'acteur était aimé; le parterre, touché de ses nobles paroles, l'interrompit par mille applaudissements et ne voulut pas qu'il allât plus loin.

Quand il désirait se reposer, « Champagne, disait-il à son laquais, allez dire à ces gens (les comédiens) que je ne jouerai pas aujourd'hui. »

S'il prenait un fiacre, il disait au même laquais :

« Qu'on paie ce malheureux! »

Quoique dans toute la force de son talent, il prit sa retraite en 1741 et mourut en 1767.

Sa sœur aînée, Mme de Nesle, joua la tragédie, mais mourut jeune. La seconde fut célèbre à la comédie française dans les rôles de soubrette. Une autre sœur, tour à tour maîtresse du régent et du fils de celui-ci, joua pendant deux ans à l'Opéra. Elle finit par épouser le duc de Nevers, père de l'aimable duc de Nivernais. On a publié ses mémoires en 1836. Ces Quinault n'étaient point parents du poète.

PONTEUIL (Nicolas-Etienne Le Franc sieur de), fils d'un notaire de Paris, riche d'ailleurs. La passion de l'art dramatique fut, dit-on, le résultat d'un envie de sa mère : pendant sa grossesse elle écoutait de sa maison, quai de la Mégisserie, des parades jouées par des charlatans ; le jeune Le Franc se montra fou du jeu des marionnettes ; mis au collège il faillit l'incendier en faisant partir un feu d'artifice qui embrasa le théâtre sur lequel lui et ses camarades jouaient *les Malheurs de Polichinelle.*

Libre de ses actions, il joua la comédie de société, puis s'engagea dans une troupe qui s'en alla en Pologne ; il se maria à Varsovie, en revint vers 1700 ; il débuta à Paris en 1701 par le rôle d'OEdipe de Corneille ; sa réputation s'établit ; on lui trouva de la dignité, du feu, du naturel.

Ennemi de Dancourt, il le décriait; la femme de cet acteur l'ayant *engueulé* en plein comité et le chargeant des couleurs les plus noires, Ponteuil attendit qu'elle achevât; alors avec calme il répliqua : « Eh bien, madame, est-ce là tout? vous avez beau chercher à me dire toutes les horreurs du monde, vous ne pourrez jamais du moins me qualifier de p.... »

Il créa les rôles de *Pharasmane* dans *Rhadamiste,* de *David* dans *Absalon* de Duché; de *Bélus* dans *Sémiramis* de Crébillon; d'*Arsace* dans l'*Artaxerce* de l'abbé Pélegrin. Cet acteur si recommandable décéda à quarante-quatre ans, le lundi 15 août 1718.

Louis PAULIN, fils d'un maître maçon de Paris. Soldat à dix-sept ans il quitta ses galons de sous-officier pour jouer les tyrans; engagé d'abord à Lyon il débuta à Paris, le 5 août 1741, dans le rôle de *Pharasmane*. Voltaire le choisit pour jouer *Polyphonte* dans *Mérope*, et, quand il parlait de lui, il disait: *C'est un tyran que j'élève à la brochette.* Une autre fois, envoyant après minuit decorrections à Paulin pour ce même rôle, son domestique, qui avait peur de sortir si tard, lui fit observer qu'il trouverait Paulin plongé dans un sommeil profond : *Va*, répliqua Voltaire, *va toujours, les tyrans ne dorment jamais.*

Meilleur dans la comédie, il y remplissait des rôles de paysan. Son humeur était sombre, morose; il vivait seul et fermé sous clef; aussi Armand son camarade, lui donnant pour surnom le titre d'une comédie de Thomas Corneille, l'appelait fort plaisamment : *le Geôlier de soi-même.*

SARRASIN (Pierre), né à Dijon de très bonne bourgeoisie, se voua à la comédie en sortant du séminaire; il entra au Théâtre Français le 3 mars 1729 par l'*OEdipe* de Corneille; il eut tant de succès que le public l'adopta dès le début pour doubler Baron; il resta trente ans au théâtre où il joua les rôles de roi et de père noble dans la tragédie et dans le haut comique; il s'y créa une réputation très honorable et se retira sans qu'elle fût affaiblie.

Dans la foule des rôles principaux qu'il créa,

on cite ceux de *Brutus*, de *Lusignan* dans *Zaïre*; d'*Alvarés* dans *Alzire*; de *Narbas* dans *Mérope*, de *Zopire* dans *Mahomet*, d'*Hermotime* dans *Eryphile*, de *Christiern* dans *Gustave* de Piron, d'*Atrée* dans *Pélopée*, d'*Admète* dans *Didon*, de *Théodore* dans *Mahomet*, de *Bénazar* dans *Zulime*, d'*Orvigny* dans *Mélanide*, de *Baliveau* dans *la Métromanie*.

Rempli d'âme et de sensibité, il excellait dans les rôles tendres et devenait faible où il fallait de l'âpreté et de l'énergie. Quand Voltaire, en 1730, le chargea de jouer Brutus, il le trouva si lent, si mou dans le premier acte de cette tragédie qui demande de l'acteur principal tant de vigueur, de feu, d'enthousiasme, notamment lors de l'invocation au dieu Mars, qu'il s'écria:

« Morbleu, monsieur, souvenez-vous donc que vous êtes Brutus, le plus ferme de tous les consuls de Rome, et qu'il ne faut point parler au dieu Mars comme si vous disiez: *Ah! sainte bonne vierge, faites-moi gagner cent francs à la loterie.*

Piron, aussi mécontent de la manière froide que Sarrazin mettait à jouer Christiern, s'écria de l'amphithéâtre, en faisant allusion au petit collet porté dans sa jeunesse par cet acteur : « Cet « homme, qui n'a pas mérité d'être sacré à vingt-« quatre ans, n'est pas digne d'être excommunié « à soixante. »

Sarrazin se plaignait du caprice des dames sociétaires; l'une répondit: «Monsieur, quand on fait de mauvaises recettes, n'en souffrons-nous pas comme vous?» — « Ah! mesdames, reprit-il, je ne suis pas comme vous ; le théâtre est ma seule ressource. »

LANOUE (Jean-Baptiste Sauvé de), né à Meaux, en 1701, fils naturel d'un prince de l'Église. Il entra au collége d'Harcourt et à sa sortie se fit comédien ; il joua, dès l'âge de vingt ans, en province, à Lyon, à Strasbourg, où il fit représenter sa première pièce, *les deux Bals;* on en aima l'esprit et la gaîté. *Le retour de Mars,* en un acte et en vers libres, parut en 1735 ; la Comédie française reçut et présenta, le 23 février 1739, sa tragédie de *Mahomet II;* c'est un ouvrage du premier mérite et que n'a pas fait oublier celle de M. Baour, jouée sous le même titre, en 1811. Lanoue fut lui-même admis au premier théâtre de la Nation ; il débuta à Fontainebleau le 14 mai 1742, par le comte d'Essex. Il composa pour le mariage du dauphin, en 1746, la comédie-ballet de *Zulime,* en concurrence avec Voltaire qui donnait *la Princesse de Navarre.* Celle-ci tomba; l'autre alla aux nues ; elle était bien coupée, spirituelle ; le roi en témoigna sa satisfaction à l'auteur et l'en récompensa par la charge de *répétiteur des spectacles des petits appartements.*

Lanoue augmenta, comme auteur, sa réputation en faisant jouer, en 1756, sa *Coquette corrigée,* excellente pièce qui fait toujours plaisir et que Mlle Mars néglige à tort. Lanoue y joua avec succès le beau rôle de *Clitandre.* Il se retira, le 26 mars 1757, par le rôle de *Polyeucte* dans lequel il obtint toujours un beau succès. Il décéda le 15 novembre 1761.

Quand Voltaire voulut faire représenter son Mahomet, il adressa la pièce à Lanoue avec les vers suivants :

> Mon cher Lanoue, illustre père
> De l'invincible Mahomet,
> Soyez le parrain d'un cadet
> Qui sans vous n'est point fait pour plaire,
> Le vôtre fut un conquérant,
> Le mien eut l'honneur d'être apôtre,
> Prêtre, filou, dévôt, brigand ;
> Faites-en l'aumônier du vôtre.

GRANDVAL (Charles-François-Nicolas Bacot de). Baron finissait, Dufrêne prenait les principaux rôles, les jeunes premiers attendaient un acteur ; Grandval se présenta et, pendant trente-deux ans, offrit un modèle que nul encore n'a égalé, car les rôles de jeunes premiers ont eu plus de malheur que les autres.

Il débuta, n'ayant que dix-huit ans, le 19 novembre 1729, par *Andronic*. Sa carrière comprend trois époques. La première commence à sa réception lors de la retraite de Dufrêne, en 1741 ; pendant ce temps il joua d'original *Valérius Publicola* dans *Brutus*; *Nérestan* dans *Zaïre*; *Frédéric* dans *Gustave*; *Hyarbé* dans *Didon*; *le marquis* dans *la Pupille de Fayan*; *Valère* dans *le Somnambule*; *le marquis* des *Dehors trompeurs*; *Alcindor* dans *l'Oracle*.

Durant sa seconde période il joua *Darviane* dans *Mélanide*; *Olinde* dans *Zénéide*; *Egysthe* dans *Mérope*; *Brutus* dans *la Mort de César*; *Oreste* dans la tragédie de Voltaire.

La venue de Lekain signala sa troisième époque ; il dut lui abandonner les grands rôles, et il créa *Lilois* dans *le Duc de Foix*; *Orbassan* dans *Tancrède*; *le marquis de Carrage* dans *le Droit du seigneur*; *Don Sanche d'Aragon*, *Nicomède*, *Sertorius* dans leurs reprises.

Grandval fut l'acteur le plus noble, le plus décent que jamais le théâtre ait possédé ; son jeu se faisait remarquer par une grâce étonnante et par des finesses exquises. Il fut le premier comédien qui, sur la scène, eut l'air d'un homme du grand monde.

Mlle Clairon a dit de lui : « Grandval, comédien
« charmant, plein de grâce, d'esprit, de chaleur,
« avec qui ce qu'on nomme décence théâtrale a
« quitté la scène, qu'on ne remplacera peut-être
« jamais dans les petits maîtres de haute compa-
« gnie et dans le haut comique. »

Il se retira d'abord en 1762 avec une pension
du roi, de mille livres, et une de quinze cents de
la comédie ; il rentra, mal conseillé, le 6 février
1764, et, en 1768, il disparut sans retour, ayant
eu peu d'agrément cette dernière fois.

Il était auteur, et il fit imprimer plusieurs
comédies en vers que leurs gravelures écar-
tèrent de la scène. Il mourut en 1784, le 5 septembre.

DAUBERVAL. Tous les historiens du Théâtre-
Français font son éloge pour ce qui concerne
ses mœurs, sa probité, son amour de la paix. Ils
sont plus sobres quand ils parlent de ses talents.
Il débuta le 11 mai 1760 par *Nérestan*, *Durval*
dans *le Préjugé à la mode ; Achille* dans *Iphigénie
en Aulide*. Il resta vingt ans au théâtre, jouant

4

les grands confidents tragiques et les raisonneurs. Lourd et froid, il se retira le 1er juin 1780; et il est mort vers 1804.

LEKAIN (Henri-Louis), naquit à Paris le 14 avril 1729 ; fils d'un orfèvre. Il étudia le dessin, et par là il s'inspira plus tard, lorsqu'avec Clairon il réforma les costumes au Théâtre-Français. Il joua la comédie de société, à l'hôtel de Soyecourt, rue Saint-Honoré ; à l'hôtel de Clermont-Tonnerre, au Marais ; et à l'hôtel Jaback, rue Saint-Martin, dont il fut directeur. Persécuté par les comédiens, il joua malgré eux sur son théâtre *le Mauvais riche*, d'Arnaud Baculard; cet auteur, enthousiasmé de son jeu, en parla à Voltaire ; et Voltaire voulut l'entendre. Charmé à son tour, il l'appela chez lui, le noya de tasses de café et de chocolat, lui conseilla de renoncer au théâtre et finit par le faire acteur et par lui obtenir un ordre de début qui eut lieu le 14 septembre 1750 ; il joua *Titus* dans *Brutus*. Les avis se partagèrent ; sa laideur, que son art ne faisait pas encore disparaître, lui nuisit ; et la bonne compagnie le désavoua; mais les vrais connaisseurs l'adoptèrent; et son jeu sublime l'emporta et vainquit la prévention.

Mais on retardait sa réception. Seize mois s'étaient écoulés; Grandval le haïssait. Lekain, perdant patience, demande à jouer Orosmane; à la cour, on se récrie, et, pour le punir, on y consent. Le jour arrive; il paraît sur la scène; sa figure et sa taille causent d'abord quelque surprise. Les femmes, accoutumées à la grâce et à la beauté de Grandval, laissent échapper un léger murmure; plusieurs disent à mi-voix : *Ah! qu'il est laid!* Lekain a prévu cet effet et n'en est pas étonné; le dépit qu'il en conçoit donne une nouvelle force à ses moyens; et le succès du premier acte prépare le triomphe qu'il obtiendra au dernier. A mesure que l'intérêt de l'action se développe, son âme se répand sur ses traits; cependant les yeux offusqués par les larmes ne distinguent plus si l'acteur est beau ou laid; et il ne laisse dans l'âme des spectateurs que l'impression profonde des propres sentitiments dont il est animé. Bientôt les opinions changent; ces femmes qui, une heure auparavant, ont été choquées de son aspect et de sa physionomie, maintenant, subjuguées par son talent sublime, entraînées, emportées, s'écrient dans un accès d'enthousiasme bien naturel : *Ah! qu'il est beau!* — Quel triomphe! et il l'obtient des auditeurs les plus prévenus contre lui. Des tonnerres d'applaudissements l'emportent sur le respect dû au roi; on pleure, on crie; on est en délire; et Lekain, élevé à sa véritable place, dominera désormais ses camarades.

Le premier gentilhomme de la Chambre demande l'avis de Louis XIV, qui répond : *Il m'a fait pleurer, moi qui ne pleure guère. Je le reçois.* Il fut admis le 24 février 1752.

Dès-lors, il marcha de succès en succès; il fut incomparable dans *Ladislas*, du Venceslas de Rotrou, *Vendôme*, *OEdipe*, *Mahomet*, *Zaïre*, *Tancrède*, *Néron*, *Cinna*, *Manlius*, les deux *Orestes*, *Andromaque*, *Iphigénie en Tauride*, *Rodrigue*, *Essex*, *Rhadamiste*, *Anténor* dans la *Zelmire* de

Dubelloy, *Warwick*, *Guiscard*, *Édouard III*, *Édouard* de *Pierre-le-Cruel*, *Bayard*, *Guillaume Tell*, *Aménophis*, *Paros*, *Zarucma*, *Cosroes*, *Cromwell*, *Pharamond*, *les Illinois*, *Loredan;* ces dernières pièces inconnues durent à son talent seul une vie éphémère.

Ce fut, avec Baron, le premier acteur de la scène française; et il a possédé une universalité que notre Talma n'a pas eue; car il jouait les rôles chevaleresques aussi bien que ceux où il fallait se montrer sous des couleurs fortes et sombres; il passait du Cid à Orosmane, d'Achille à Manlius, à Rhadamiste, à Néron, et débitait avec une perfection égale les couplets de Joad et de Nicomède.

Lekain était instruit; sa conversation s'épanchait sensée, grave, solide, intéressante. Mélancolique par caractère, et comme tous les esprits supérieurs, il ne repoussait ni la gaîté ni le plaisir; on dit même que, pour avoir celui-ci à meilleur marché, il l'allait chercher dans la fange; et que sa santé s'en ressentit souvent. Un vice odieux et vil déparait tant de qualités brillantes ; il était avare comme Harpagon.

Sans posséder ce qu'on appelle de l'esprit, il avait la réplique pleine d'énergie. Un soir, dans le foyer, il se plaignait de ce que cette année sa part d'acteur ne lui rapportait pas plus de dix à douze mille livres de rente. — « Comment, morbleu, s'écria un chevalier de Saint-Louis morose et grossier, un histrion n'est pas content de douze mille livres de rente ; et moi, qui suis au service du roi, qui prodigue mon sang pour ma patrie, je suis trop heureux d'obtenir mille livres de pension.

— Eh, monsieur, répliqua Lekain avec une noble sensibilité, comptez-vous donc pour rien le droit de me le dire ? »

Une autre fois, la reine Marie-Antoinette, assistant à la représentation d'un mauvais drame de Cubières que l'on siffla constamment, et, reconduite par Lekain qui, selon l'usage, tenait un flambeau à la main, lui dit : « Monsieur Lekain, comment pouvez-vous recevoir des pièces aussi mauvaises? — Cela, madame, c'est le secret de la comédie. »

Ce fut lui, ai-je dit, avec Mlle Clairon, qui changèrent le costume. Auguste avant lui paraissait en habit brodé, le front enterré sous une perruque énorme et couvert par-dessus d'un chapeau galonné et à panache; les femmes portaient d'immenses paniers, des coiffures à la mode, et surtout des gants blancs. Enfin deux bancs placés sur le théâtre fournissaient des siéges aux seigneurs de la cour, à eux uniquement. L'ombre de Ninus perçait cette foule rieuse, causeuse, turbulente, qui entrait ou sortait à volonté, troublant les acteurs, enlevant toute illusion à la scène. Le comte de Lauraguais versa cinquante mille livres à la Comédie française pour la dédommager de la suppression de ses bancs; et deux grands acteurs, en étudiant les formes du costume, donnèrent à chaque pièce celui qui lui convenait. Leurs camarades, voyant l'approbation du public accordée à cette innovation, s'y conformèrent; et la réforme complète eut lieu ; les banquettes disparurent à la clôture de 1759. Dorat a peint ce travers dans des vers charmants :

Le public n'y voit plus, borné dans ses regards,
Nos marquis y briller sur de triples remparts ;
Ils cessent d'embellir la cour de Pharasmane.
Zaïre sans témoins entretient Orosmane.
On n'y voit plus l'ennui de nos jeunes seigneurs
Nonchalamment sourire à l'héroïne en pleurs.
On ne les entend plus du fond d'une coulisse
Par leurs caquets bruyants interrompre l'actrice,
Persiffler Mithridate, et, sans respect du nom,
Apostropher César ou tutoyer Néron.

Le même auteur, dans son poème de *la Déclamation*, a peint admirablement Lekain dans le rôle d'*Arsace* ou *Ninias* à sa sortie du tombeau de Ninus :

Je crois toujours le voir, échevelé, tremblant,
Du tombeau de Ninus sortir pâle et sanglant,
Pousser du désespoir les cris sourds et funèbres,
S'agiter, se débattre au milieu des ténèbres,
Plus terrible cent fois que le spectre, la nuit,
Et les pâles éclairs dont l'horreur le poursuit.

Cet acteur célèbre fut vivement désiré par le roi de Prusse, le grand Frédéric II, qui employa le ministère de son ambassadeur auprès de la cour de France pour obtenir à Lekain la permission de venir jouer à Berlin; il fit ce voyage avec mille agréments, et il en rapporta une forte somme, ce qui lui convint encore mieux.

Frédéric en écrivant à Voltaire parlait de Lekain en ces termes:

« Il a joué les rôles d'*OEdipe*, de *Mahomet* et
« d'*Orosmane*. Pour l'*OEdipe*, nous l'avons en-
« tendu deux fois; ce comédien est très habile,
« il a un bel organe, il se présente avec dignité,
« il a le geste noble. Il est impossible d'avoir plus
« d'attention pour la pantomime qu'il n'en a;
« mais vous dirai-je naïvement l'impression qu'il
« a faite sur moi, je le voudrais un peu moins ou-
« tré, alors je le croirais parfait. »

Lekain, au comble de la gloire, mourut jeune; il termina ses jours le dimanche 8 février 1778.

MOLÉ (François-René), né le 24 novembre

1734 à Paris, de parents peu riches; son père était un graveur peu habile. Son frère aîné, connu sous le nom de Dalinville, l'avait devancé à la Comédie française dans les jeunes premiers; entré deux fois à ce théâtre, il ne put plaire complètement au public.

Molé, son frère, ne fut pas d'abord plus heureux; entraîné par goût vers la carrière théâtrale, il quitta une place de finance honorable et lucrative. Son protecteur Blondel de Gagny l'encouragea et lui facilita les moyens de se livrer à sa vocation. Il débuta, le 7 novembre 1754, par *Britannicus* et *Olinde* dans *Zénéide*, dans *Séide*, *Nerestan*, etc. L'opinion incertaine sur son compte le décida à courir la province pendant cinq ans.

Son second début eut lieu en 1760 le 28 janvier, par *Andronic*, don *Pèdre* d'*Inez de Castro*, *Titus* de *Brutus*, *Seïde* de *Mahomet* et d'*Arvianne*. On l'accueillit mais faiblement; il fut reçu pour les troisièmes rôles tragiques et comiques, et il tarda peu à monter à la seconde place par la retraite de Grandval. Son talent se développa, il joua dans *Heureusement* de Rochon de Chabannes avec tant de feu, de naturel, de grâce, qu'il enchanta le parterre, charma les loges et devint le favori de tous.

Dès lors il commença une carrière de quarante-deux ans où chaque rôle lui valut un nouveau succès; sa jolie figure, ses manières nobles, gaies, délicates, sa délicieuse impertinence, tout enchantait en lui; il joua successivement en 1763 *Dupuis* de *Collé*, *Warwick* de *La Harpe;* en 1764, *le Marquis du Cercle* où il dépassa tous les acteurs précédents; en 1765, *Harcourt* du *Siège de Calais* de Dubelloy, et *Wanderck*, fils du *Philosophe sans le savoir*.

Le travail le rendit malade. Le public redoubla d'attention pour lui. Un jour le bruit se répand qu'il a besoin de vin généreux pour réparer ses forces; un mois après, sa cave regorgeait de cinquante mille bouteilles d'excellent vin que les seigneurs, la haute finance, la riche bourgeoisie, la province, les dames lui avaient envoyées en profusion.

Tant d'hommages lui tournèrent la tête ; sa fatuité, son impertinence sont encore de tradition. Revenu sur la scène en 1768, il joua *Dormilly* des *Fausses Infidélités*, et *Beverley*, *Hilas* dans la pastorale de *Sylvie*, 1769; *Gengiskan* dans *l'Orphelin de la Chine*, 1770; *Montalban* de la *Veuve du Malabar* de Le Mierre, 1771; *Gaston* de Dubelloy ; le *Persiffleur ; don Pèdre le Cruel*, 1772; *Romeo* de Ducis, 1773; *Arcis* dans *Orphanis* en 1774 ; *Stelhem* des *Amants Généreux*, *Damis* de *la Feinte par Amour*, *Richard* dans *la Partie de Chasse d'Henri IV*.

Il serait trop long de le suivre dans toutes les nouveautés qu'il établit; je signalerai *le Séducteur* de Bièvre; *le Jaloux* de Rochon de Chabannes; *Almaviva* dans *le Barbier* et *le Mariage de Figaro; Blinville* de *l'Optimiste ; d'Orlange* des *Châteaux en Espagne ; Alceste* du *Philinte* de Molière; *Dubriage* dans *le Vieux célibataire*.

La révolution arriva; Molé, oubliant les bontés de la reine, les bienfaits de la cour, se fit sans-culotte; il joua même le rôle de *Marat* dans une pièce où l'auteur, nommé Feru fils, faisait de ce monstre un demi-dieu. Son dernier rôle fut celui du *Confident par hasard*, où le parterre lui appliqua avec ivresse ce joli vers :

Mon extrait de baptême est vieux et non pas moi.

Tant de mérite était déparé par son orgueil et ses torts envers les hommes de lettres. Tous se plaignirent de lui, notamment le parfait Cailhava, aussi excellent homme du monde que bon auteur comique; Collin d'Harleville, qu'on a loué en le nommant; Rochon de Chabannes, Dorat, Flin des Oliviers, Fenouillot, de Faldabère, etc.

Cailhava, que l'on raccommode avec lui, arrive un matin de bonne heure portant un manuscrit bien enveloppé et noué par une faveur rose. « M. Molé, voici ma pièce; veuillez la lire. — Volontiers, avec plaisir; je veux vous prouver que je me rapatrie franchement. »

Six mois s'écoulent; Cailhava revient. « Et ma pièce? — Je l'ai lue; la voilà. » L'auteur la

reprend, puis il dit : » Comment la trouvez-vous?
— Vous voulez mon sentiment sincère? — Sans
doute. — Sans vous blesser? — Non certes. —
Eh bien! il y a du talent, mais trop faible; elle
ne nous convient pas. — Pourquoi? — Le peu
d'importance du style, l'ignorance de la scène.
— Mais le dialogue? — Oh! diffus, embrouillé;
et puis des longueurs... C'est long!!! — Du moins
l'exposition? — Est obscure. — L'intrigue? — Il
n'y en a pas. — Oh! quant au dénouement... —
Trop brusque; je n'y ai rien compris! — Les caractères? — Outrés et sans force. — Ainsi, vous
me condamnez..? — A mieux faire, vous le pouvez.
J'ai souffert en vous lisant; j'aurais été si heureux
de réparer mes torts! — Cela vous sera facile,
car vous n'avez pas lu ma pièce. — Moi? C'est
une calomnie. — Voyez! » L'auteur dénoue le
ruban, déchire la couverture et montre à Molé
ébahi une main de papier blanc.

Cet acteur joua *Auguste* dans *Cinna* et *Nicomède* avec un rare talent et décéda le 11 décembre 1802, laissant la mémoire d'un grand comé-

dien regretté du publc et que Fleury même ne put remplacer.

Brizard (Jean-Baptiste Britard dit), né à Orléans, le 7 avril 1721, d'une famille à son aise et de bonne bourgeoisie. Peintre d'abord, sous Carle Wanloo, il quitta le pinceau pour le théâtre, courut d'abord la province et débuta dans les pères nobles, le 30 juillet 1757, par *Alphonse* dans *Inès de Castro; Brutus* et *Mithridate*.

Le Théâtre-Français n'avait pas encore possédé un acteur qui eût le physique de son rôle autant que Brizard. Sa figure, où se peignait à la fois la majesté royale, la tendresse paternelle, était ornée de beaux cheveux blancs passés à cette couleur avant l'âge; il avait une âme ardente, passionnée, énergique; une voix pleine, sonore; de l'intelligence, de la noblesse, de la sensibilité surtout; nul ne l'avait devancé avec tant de perfection, nul ne l'a depuis fait oublier.

Il créa *Argire* de *Tancrède; Polidore* de *Zelmire; Siffrédi* dans *Blanche et Guiscard; Eustache de Saint-Pierre* du *Siège de Calais;* le *Grand Bramine* de *la Veuve du Malabar*; *Avogare* de *Gaston et Bayard*; *Cindonax* des *Druides*; *Duguesclin* de *Pierre-le-Cruel*; *Montaigu* de *Roméo*; *Sésostris* d'*Orphanis*; *Soliman II* de *Mustapha et Zéangir*; *OEdipe chez Admète*; *Danaüs* dans *Hypermnestre*, etc.

Dans la comédie il fut sublime dans les rôles du *Père de famille*; *Dupuis*; *le Philosophe sans le savoir*; *Henri IV* dans *la Partie de Chasse*; et il se retira en 1786, le 1er avril, un samedi. Il décéda le 30 janvier 1791. Le grand poète tragique Ducis composa l'épitaphe de cet habile acteur, aussi regretté qu'il méritait de l'être.

Un second PONTEUIL, surnommé *l'Amour*, débuta en 1771, le 7 septembre, par *Rhadamiste*; il avait vingt ans; fils d'un boulanger, il était lui-même perruquier. Mlle Clairon en devint folle. Il eut peu de succès, quitta la Comédie française en 1780 et mourut en 1806. Tout ce qu'il y a sur son compte, dans les Souvenirs de la marquise de Créqui, est faux; c'est une fable spirituelle, montée par M. de Courchamps, auteur desdits mémoires.

LARIVE (Mauduit). Cet acteur, qui débuta aux Français en 1770, le 28 avril, par les rôles d'*Egysthe* dans *Mérope*, et d'*Olinde* dans *Zénéide*, était de bonne famille et destiné par ses parents à la profession d'avocat; mais, poussé par un amour impérieux de la tragédie, il tourna ses études de ce côté et débuta une seconde fois par le role de *Zamore*, le 3 décembre 1775; une taille noble et svelte, une physionomie noble et remplie d'expression, des yeux remarquablement beaux, un organe sonore et flexible, un débit chaleureux, dans sa jeunesse principalement, satisfirent le public; et les faiseurs de calembourgs ne manquèrent pas d'assurer, les uns, que Lekain en passant l'Achéron avait laissé ses talents sur *la rive;* les autres, au contraire, que le grand acteur pleuré avait été trop avare pour laisser ses talents sur *la rive;* ainsi les amis, les ennemis du débutant employaient le même jeu de mots à son éloge ou à servir leur vengeance.

Quoi qu'il en soit, il fut admis et remplit honorablement son emploi, surtout dans les rôles de chevalerie et d'enthousiasme. On l'applaudit toujours avec raison dans *Œdipe*, le *Cid*, *Horace*, *Nicomède*, *Achille*, *Orosmane*, *Zamore*, *Tancrède*, etc.

Surpris par la révolution qui lui était odieuse, bien qu'il eût l'air de s'y soumettre, il continua le cours de ses succès; mais, importuné de la réputation croissante de Talma, jouissant d'ailleurs d'une fortune honorable, il résolut de prendre sa retraite.

Il fut très regretté. Ses qualités précieuses, son instruction, la douceur de sa société lui avaient fait de nombreux amis. Il se retira dans la vallée de Montmorency, où il termina sa vie après 1814.

MONVEL (Jacques-Marie Boutet) naquit à Lunéville en 1745. C'est son père, acteur lui-même, qui lui fit suivre la même carrière dès son enfance. Ses débuts eurent lieu à Paris en 1770; il fut reçu en 1772 pour doubler Molé; c'était un rude chef d'emploi à suppléer; mais celui-ci joignait, dit avec raison l'un de ses biographes, à une rare intelligence l'étude approfondie de son art et une habileté extrême à faire valoir tous ses moyens ; il avait une âme de feu et une sensibilité profonde ; il parvenait à arracher des larmes et des applaudissements à ceux-là même qui étaient les plus prévenus en faveur de Molé. Il excellait dans divers rôles tragiques : *Séide, Xipharès*, *Gengiskan*, *le Jeune Bramine* dans *la Veuve du Malabar*. Le roi de Suède, Gustave III, l'enleva à la France, où il ne revint qu'en 1736. Plus tard, il jouait *Fénélon*, *Calas*, l'*Abbé de l'Épée, le curé* dans *Mélanie,* et surtout *Auguste* dans *Cinna.*

Auteur de mérite comme il était acteur excellent, Monvel composa une foule de pièces qui, la plupart, furent accueillies par le public. Dans leur nombre je citerai l'*Amant bourru,* en trois actes et en vers; *Clémence et Desormes,* cinq actes et en prose ; —comédie héroïque en quatre actes et en prose ; —*la Jeunesse de Richelieu,* cinq actes, en prose ; *les Trois fermiers,* opéra-comique en deux actes ; — *Blaise et Babet*, idem ; —*Alexis et Justine*, idem ; — *Sargines*, idem ; — *Raoul de Coucy*, etc.

Ayant trop donné dans les excès de la révolution, il se retira en 1806 et mourut le 13 février 1811.

IV.

Mlles Duclos. — Lecouvreur. — Desmares. — Gaussin. — Connell. — Dumesnil. — Camouche. — Drouin. — Clairon. — Sainval (aînée). — Sainval (cadette). — Vestris. — Dubois. — Fleury. — Raucourt. — Desgarcins. — Vanhove. — George. — Duchesnois. — Volny. — Bourgoin. — Maillard. — Paradol.

Mlle Duclos (Marie-Anne de Châteauneuf), issue d'une famille d'acteurs estimés, débuta à l'Opéra où elle ne produisit que peu d'effet. Se croyant digne de succès supérieurs à ceux-là, elle abandonna le genre vocal pour le tragique où elle obtint des triomphes incontestés. Elle débuta le 27 octobre 1693, par *Justine* dans *Géva* de Pichantré, et par *Ariane* de Thomas Corneille. Les rôles principaux qu'elle créa avec un talent supérieur et universellement reconnu furent, en 1711, *Zénobie* dans *Radhamiste*; 1712, *Tharès d'Absalon*; 1715, *Arisbe* dans *Marius* de De Caux; 1716, *Jozabeth* dans *Athalie*; 1721, *Salmonée* des *Machabées*; *Esther*; 1722, *Hersilie* dans *Romulus* de Lamothe-Houdart; 1723, *Inès de Castro*, du même; 1724, *Salomé* de *Marianne*; 1735, *Marianne* de l'abbé Nadal; 1726, *Jocaste* dans *OEdipe* de Lamothe-Houdart.

Contemporaine de Beaubourg, elle en adopta la déclamation ampoulée, et, par cette faute, fit à l'art autant de mal qu'elle lui faisait de bien. Cependant son âme expansive tirait un grand parti de ses rôles; elle avait du feu, de la sensibilité, et malgré ses défauts elle a joui pendant sa vie d'une réputation non sans retentissement dans la postérité. *Ariane, Inès, Phèdre, Roxane...*

Le public la demandait souvent dans le premier de ces rôles. A une époque où une grossesse pénible lui faisait éviter les rôles trop passionnés, le parterre ayant demandé Ariane à Dancourt, chargé de l'annonce du lendemain, usage alors en vigueur, l'acteur spirituel et malicieux, en prétextant pour refus le mauvais état de la santé de Mlle Duclos, fit en même temps un geste qui faisait connaître où était le siège du mal; et le parterre de rire....

Mais l'actrice, qui se méfiait de son camarade, l'examinait de la coulisse et, à la vue de la trahison qu'il se permettait, elle s'élance furieuse sur la scène, donne un soufflet à Dancourt, puis, saluant la salle de la triple révérence accoutumée: *Messieurs*, dit-elle, *à demain Ariane*, tandis que Dancourt regagnait la coulisse aux huées du parterre qui applaudit longtemps, en riant, l'exploit belliqueux de la Duclos.

Quelqu'un disait à cette actrice: « Je gage que vous ne savez pas le *Credo*? — « Ah! par exemple, je ne le sais pas, moi... Messieurs, mesdemoiselles, dit-elle en appelant ses camarades, on me dit que je ne sais pas le *Credo*; écoutez tous : *Pater noster qui es in cœlis...* etc.; puis s'arrêtant :

« Oh dame, aidez-moi un peu, le reste ne me vient pas. »

A cinquante-sept ans elle fit l'insigne extravagance de se marier à l'acteur Duchemin, enfant de dix-sept ans. Cinq ans après, un jugement dut séparer ce couple si ridiculement disproportioné; elle se retira le 17 mars 1736 et décéda le mardi 18 juin 1748.

LE COUVREUR (Adrienne), né à Fisme en Champagne, en 1690, où son père était chapelier; il vint à Paris en 1702; sa fille alla à la Comédie française, elle y contracta l'amour de la déclamation et en 1715 elle joua sur un théâtre de société *Pauline* de *Polyeucte* avec tant de succès, qu'ils la conduisirent à la Comédie française; cependant celle-ci commença par persécuter la jeune actrice; aussi, loin d'aller d'abord occuper la place qui lui était due, Mlle Le Couvreur s'engagea pour la province.

Elle débuta enfin à Paris, le 14 mai 1714, par *Monime* et *Electre*, avec un éclat prodigieux qui plaça sur-le-champ cette jeune actrice parmi les plus célèbres en lui méritant la jalousie de Mlle Duclos.

Elle avait la taille bien prise quoique médiocre, la tête et les épaules bien placées, les yeux pleins de feu, la bouche belle, le nez un peu aquilin, un maintien noble et assuré, peu d'embonpoint, beaucoup d'aisance, de grâce et de noblesse. Un homme d'infiniment d'esprit, Lamotte-Houdart, qui sortait d'une représentation du comte d'Essex où elle avait joué Élisabeth, dit en entrant au café Procope : *Je viens de voir une reine parmi des comédiens.*

Jamais actrice ne connut mieux l'art d'écouter qu'elle ; sa pantomime était parfaite ; parlait-elle, on demeurait enchanté de son débit, de sa chaleur véhémente, passionnée, de son action dramatique et souvent de sa majesté. On aimait surtout à la voir dans les rôles de *Bérénice*, *Elisabeth*, *Laodice* de *Nicomède*; *Jocaste* d'*Œdipe de Voltaire*; *Pauline*, *Arinice de Tyridate*, *Aurélie*, *Zénobie*, *Roxane*, *Atalide*, *Iphigénie*, *Hermione*, *Clytemnestre*, *Émilie*, *Electre*, *Cornélie*, etc.

5

Quant aux rôles tragiques qu'elle débita pendant les quatorze années qu'elle passa au théâtre, je citerai, 1720, *Artémire*, de Voltaire; 1721, *Antigone* des *Machabées*, *Zarès* d'*Esther*, *Nitétis*, tragédie de Danchet, *Pélopée* de l'*Egyste* de Seguineau et Praslard; 1723, *Constance* d'*Inès de Castro*; 1724, *Marianne* de Voltaire; 1726, *Ericie* dans *Pyrrhus*, de Crébillon, etc.

Non contente de saisir le sceptre tragique elle remplit avec autant de succès plusieurs rôles comiques : *Rubelle* de *la Mère coquette*; *la comtesse* de *l'Inconnu*; *Hortense* du *Florentin*; *Hortense* de *l'Indiscret*; *Angélique* dans *le Talisman*; *Agathe* des *Folies amoureuses*; *Amaryllis* dans *le Pastor Fido*, de Marivaux; *la Marquise* dans *la Surprise de l'Amour*; *Angélique* dans *les Fils ingrats*, de Piron.

Idolâtrée du héros de cette époque, le fameux Maurice, comte de Saxe, elle le sacrifia à d'indignes rivaux. Cependant, lorsque ce grand capitaine, élu duc de Courlande par le peuple, voulut s'assurer la conquête de ce pays, Mlle Lecouvreur le força d'accepter quarante mille francs qu'elle avait retirés de la vente de ses diamants.

S'aimer, se brouiller, se reprendre, se trahir, fut la vie journalière de ce couple illustre. Le comte de Saxe, dans une de ses passades, ayant immolé Adrienne à la duchesse de Bouff... celle-là, furieuse et jouant Phèdre, se tourna vers sa rivale, et en la désignant lui adressa ces vers fameux de ce rôle qui lui coûtèrent si cher :

..... Je sais mes perfidies,
Œnone, et ne suis pas de ces femmes hardies
Qui, goûtant dans le crime une tranquille paix,
Ont su se faire un front qui ne rougit jamais.

Le parterre, charmé de la déclaration de guerre, applaudit avec trépignement. La très grande dame, rouge d'indignation, quitta sa loge et la salle; mais au bout d'un mois l'abbé de Montgaillard (ce nom ne porte pas bonheur aux abbés) vint voir Lecouvreur, lui vanta certaines confitures délicieuses et lui en donna quelque peu pour les lui faire goûter; l'actrice gourmande les dévora... C'était la mort! Les conserves étaient empoisonnées; l'infortunée Lecouvreur succomba le vendredi 17 mars 1730; on la prétendit morte d'un flux de sang.

Voltaire adorait cette grande tragédienne et lui adressa plusieurs fois de ces pièces de vers par lesquelles il donnait l'immortalité. Lefranc publia une épître intitulée: *L'ombre de Racine à Mlle Lecouvreur*. Le peintre Coypel a conservé les traits de cette actrice qu'il a représentée dans le rôle de *Cornélie* de *la Mort de Pompée*, tenant l'urne qui renferme les cendres de son époux.

BALLICOURT (Marguerite-Thérèse) débuta le samedi 29 novembre 1727. Jeune, jolie, spirituelle, gracieuse, elle produisit un grand effet dans la reprise de la *Médée* de Longepierre; elle joua *Eriphile*, *Léonore* de *Gustave Wasa*; *Elisabeth* de *Marie Stuart*; *Arminie* dans *Pharamond*; mais sa santé se délabrant tous les jours elle dut abandonner le théâtre le 22 mars 1738.

Elle mourut le 4 août 1743, victime de ses penchants à des plaisirs qui tuent doublement au théâtre.

GAUSSIN (Marie-Madeleine ou Jeanne-Catherine de Gaussem) naquit à Paris, le 3 décembre 1711, d'un laquais de l'acteur Baron, nommé Gaussem, et d'une cuisinière qui depuis monta au grade honorable et lucratif d'ouvreuse de loges à la Comédie française. Dès sa jeunesse, belle, naïve, gracieuse, tendre, elle multipliait déjà les heureux afin de justifier sitôt son propos de plus tard : *Cela leur fait tant de plaisir et à moi si peu de peine !!!*

Elle courut d'abord la province pendant deux ans ; enfin elle débuta à la Comédie française, le samedi 28 avril 1731, par *Junie* de *Britannicus ;* ensuite *Monime, Chimène, Andromaque, Iphigénie, Agnés* de *l'Ecole des femmes.* Son triomphe fut sans échec ; on accueillit Mlle Gaussin avec un enthousiasme que porta au comble le talent avec lequel elle joua *Zaïre*, le 12 août 1732. Voltaire enivré pour sa part lui adressa les vers suivants :

Jeune Gaussin, reçois mon tendre hommage,
Reçois mes vers au théâtre applaudis,
Protége-les ; Zaïre est ton ouvrage ;
Il est à toi, puisque tu l'embellis.
Ce sont tes yeux, ces yeux si pleins de charmes,
Qui du critique ont fait tomber les armes;
Ton seul aspect adoucit les censeurs.
L'illusion, cette reine des cœurs,
Marche à ta suite, inspire les alarmes,
Le doux plaisir de répandre des larmes,
Le sentiment, les regrets, les douleurs.
Heureux cent fois le mortel amoureux
Qui tous les jours peut te voir et t'entendre,
Que tu reçois avec un souris tendre,
Qui voit son sort écrit dans tes beaux yeux,
Qui meurt d'amour, qui te plaint, qui t'adore,
Qui, pénétré de cent plaisirs divers,
Parle d'amour et t'en reparle encore ;
Mais malheureux qui n'en parle qu'en vers.

Lorsqu'elle débita le rôle délicieux d'*Alzire*, Voltaire, toujours galant, c'était alors un devoir, écrivit le quatrain suivant à cette actrice incomparable :

Ce n'est pas moi qu'on applaudit,
C'est vous qu'on aime et qu'on admire ;
Et vous damnez, charmante Alzire,
Tous ceux que Gusman convertit.

Pendant trente ans elle joua la comédie, la tragédie, et toujours elle resta l'idole du public. Dans le genre sérieux, outre les rôles que je viens de citer, elle créa ceux de *Adélaïde* dans le *Gustave* de Piron; *Adélaïde Duguesclin; Irène* dans *Mahomet II; Atide* dans *Zulime, Andromaque* dans *les Troyennes; Briséis*, de Poinsinet de Sivry; *Arélie* dans *Denys*, de Marmontel, etc.

Ses rôles comiques furent *Sophilette* dans *la Magie de l'amour; Clarisse* dans *le Consentement forcé; Mélanide, Cénie*, de M. de Graffigny; *la Pupile*, de Fagan; *Julie* dans *le Dissipateur; la Coquette corrigée; Marianne* dans *Dupuis et Desronnais; Lucinde* dans *l'Oracle;* elle avait cinquante-deux ans lorsqu'elle prit ce dernier rôle.

Elle se retira le 19 mars 1763. Il paraît que Mlle Mars a seule reproduit dans la comédie une portion éminente du talent de Mlle Gaussin, qui mourut le 6 juin 1767.

Mlle CONNELL (Marguerite-Louise Daton), fille de qualité et d'origine irlandaise; son père, Hugues Daton, combattit pour Jacques II à la bataille funeste de la Boyne. Des malheurs conduisirent sa fille à la Comédie française où elle débuta, le 19 mai 1734, par *Junie* et *Agathe* des *Folies amoureuses;* puis elle joua *Iphigénie, Monime, Andromaque, Aricie, Chimène, Irène* dans *Andronic; Hortense* dans *le Florentin; Agnès* dans *l'Ecole des femmes; Isabelle* de *l'Ecole des maris;* plus tard elle y joignit *Inès de Castro, Electre, Marianne, Atalide.* Peu de talent, de la beauté, un heureux caractère distinguaient Mlle Connell; on pouvait croire qu'avec des soins, une étude approfondie de l'art, elle se formerait en réalisant les espérances données par ses débuts. Il n'en fut pas ainsi ; une maladie de langueur s'empara d'elle, et sa mort, qui la surprit dans sa trente-cinquième année, le 21 mars 1750, fut accélérée par un manque d'obligeance de la part de Mme Grandval, sa camarade.

Contrainte d'aller jouer à la cour, Mlle Connell l'avait priée de se charger de son rôle; un refus sec l'obligea de se rendre à Versailles; déjà prise d'un rhume violent elle se refroidit; la fièvre compliqua sa maladie et la conduisit en quelques jours au tombeau.

DUMESNIL (Marie-Françoise); elle naquit à Paris en 1712, le 1er avril, et à l'âge de vingt-cinq ans, après avoir couru la province, débuta à la Comédie française le mardi 6 août 1737, par *Clytemnestre* d'*Iphigénie en Aulide;* joua ensuite, cinq fois consécutivement, le rôle inimitable de *Phèdre* et puis *Elisabeth* du comte d'*Essex*.

Cette actrice, dont la mémoire ne mourra jamais, fit une révolution sur la scène dès qu'elle y parut. Aucune femme jusque-là n'avait fait naître dans l'âme du spectateur des impressions aussi profondes, à peine la Lecouvreur exceptée; peut-être même celle-ci ne frappa-t-elle jamais des coups aussi terribles et n'électrisa-t-elle plus violemment les esprits.

On a conservé la mémoire du soir où dans les imprécations de *Cléopâtre,* dans *Rodogune*, le parterre tout entier, alors debout, par un mouvement unanime et spontané, se recula d'elle en laissant un vide entre ses premières masses et la barre de l'orchestre.

Ce fut à cette représentation que la sublime actrice, achevant dans les convulsions de sa rage et de l'effet du poison de débiter ce vers terrible :

Je maudirais les Dieux s'ils me rendaient le jour,

se sentit frapper d'un fort coup de poing dans le dos par un vieux militaire assis sur le théâtre, qui, dans le délire de son illusion, lui criait : *Va, chienne, à tous les diables; ce seraient de fameux coquins les dieux qui te ressusciteraient.*

La nature était son talent et l'art ne fut pas même son conseiller. Elle avait tout reçu de la nature : sensibilité profonde, âme brûlante, don des larmes, voix sonore, déchirante, pleine; physionomie expressive, mobile, peignant toutes les passions avec d'innombrables nuances; des yeux d'aigle brillants, tendres, terribles; intelligence profonde; les auteurs mêmes étaient surpris des beautés qu'elle découvrait dans ses rôles.

Ne déclamant pas, parlant avec une familiarité presque triviale, on la voyait déchoir, et puis tout-à-coup se relever par des éclairs admirables, des coups de tonnerre à foudroyer. Sans être belle, le caractère de sa tête imposait; elle avait une taille assez riche qu'elle rendait digne et majestueuse à volonté. Voltaire l'admirait et la plaça toujours au-dessus de Clairon sa rivale.

Dorat, dans son poème de *la Déclamation*, a dit d'elle avec justice :

Une actrice parut : Melpomène elle-même
Ceignit son front altier d'un sanglant diadème.
Dumesnil est son nom : l'amour et la fureur,
Toutes les passions fermentent dans son cœur;
Les tyrans à sa voix vont rentrer dans la poudre.
Son geste est un éclair, ses yeux lancent la foudre

Cette actrice créa, avec un talent de plus en plus sublime, *Zulime*, en 1740; *Sémiramis*, en 1748; *Clytemnestre* dans *Oreste*, 1750; *Hécube* dans *les Troyennes*; *Statira* dans *Olympie*, en 1764. Précédemment elle avait créé *Mérope* où elle se surpassa; les loges, le parterre fondaient en larmes ; on poussait des cris d'enthousiasme et de tragique terreur; elle soutint par son jeu beaucoup de faibles ouvrages qui sans elle n'auraient même pas eu une vie éphémère, tels que *Médus*, *Edouard III*, *Bajazet Ier*, *Corroes*, *les Chérusques*, *Adélaïde de Hongrie*, de Dorat; *les Héraclides*, de Marmontel; *Albert Ier*.

Elle ne se distingua pas moins dans la haute comédie; elle créa *la Gouvernante*, Léonide dans *Esope*, et se retira le 28 février 1777 par le rôle d'*Aménaïde*.

Comblée des bontés de la cour, bien pensionnée, la révolution qu'elle traversa la réduisit à l'aumône; mais Napoléon, premier consul, répara les torts de la République qui haïssait les talents. Elle mourut en 1804, âgée de quatre-vingt onze ans. Enfin, pour compléter cette rapide notice, je citerai d'autres vers où Dorat a consacré ce que les contemporaines de Mlle Dumesnil pensaient d'elle, d'elle a qui on n'a reproché que d'aimer un peu le vin, défaut méchamment changé par Marmontel en vice ; écoutons Dorat..

Aux rôles furieux vous êtes-vous livrée ?
Qu'un œil étincelant peigne une âme égarée ;
Ayez l'accent, le geste et le port effrayant ;
Que tout un peuple ému frémisse en vous voyant ;
Qu'on reconnaisse en vous l'implacable Athalie
Et les sombres fureurs dont son âme est remplie ;
Que j'imagine entendre et voir Sémiramis,
Bourreau de son époux, amante de son fils ;
Que dans un même cœur, vaste et profond abîme,
S'assemblent la vertu, le remords et le crime.
Le public, occupé de ces grands intérêts,
Veut de l'illusion et non pas des attraits.

Mlle CLAIRON (Claire-Josèphe-Hippolyte Legris de Latude) naquit à Condé en 1724 ; elle perdit de bonne heure son père, bourgeois obscur, et conserva plus longtemps sa mère, qualifiée, dans des mémoires où ne brille que la méchanceté, de *bourgeoise pauvre*, *faible*, LIBRE et *bornée*. Mlle Clairon dût être baptisée un mardi-gras. Toute la ville se livrait à la joie du carnaval, et si au pied de la lettre toute la ville, que le curé déguisé en Arlequin et le vicaire en Gille, effrayés du danger de mort que courait la faible enfant, accomplirent envers elle et sans perdre le temps à changer de costume, les cérémonies du baptême. Quoique attestée par Clairon elle-même, je me refuse à admettre une anecdote indécente et doublement sacrilège.

A douze ans, le 8 janvier 1736, elle débuta à la Comédie italienne par *la soubrette* de *l'Ile des esclaves*, de Marivaux. Elle quitta peu à près ce théâtre et alla jouer en province. Son libertinage la rendit fameuse avant que ses talents la fissent célèbre ; et, sous le surnom de *Frétillon* qu'un auteur nommé Gaillard lui imposa, il écrivit le scandale de sa jeunesse.

Clairon débuta à la Comédie française, le 17 septembre 1743, par le rôle de *Phèdre;* le 22, *Dorine* du *Tartuffe*, et *la Nouveauté* de Legrand; le 28, *Zénobie;* le 29, *Cléanthes;* le 5 octobre, *Céliante* du *Philosophe marié;* le 14, *Ariane;* le 26, *Electre,* et le 26 novembre elle obtint son admission.

Clairon, de très petite taille à la ville, paraissait en avoir une imposante au théâtre. Plus jolie que belle, sa figure devenait à sa volonté hautaine et majestueuse; son organe était sonore et beau; son débit pur et ferme; son geste simple et grave. Manquant d'âme elle la remplaçait par une chaleur calculée et déguisée habilement. Au contraire de Mlle Dumesnil l'art en elle était tout, et elle le poussait si loin, que le vulgaire le nommait en elle l'effort de la nature; elle atteignait par le calcul à ce sublime que sa rivale emportait par inspiration. Son esprit était supérieur, son intelligence prodigieuse; philosophe et méchante, haineuse et fausse, elle n'a écrit ses mémoires que pour dégorger le venin de son cœur; elle recouvrit ses vices d'un orgueil que l'on prenait pour de la vertu à cette époque où le philosophisme se nommait sagesse et où la vanité semblait le simple aveu de son propre mérite.

Dorat, toujours dans son poème de la Déclation, a dit d'elle, après avoir parlé de Mlle Dumesnil :

Quelle autre l'accompagne, et parmi cent clameurs
Perce les flots bruyants de ses adorateurs?
Ses pas sont mesurés, ses yeux remplis d'audace,
Et tous ses mouvements déployés avec grâce.
Accent, geste, silence, elle a tout combiné :
Le spectateur admire et n'est pas entraîné.
De sa sublime émule elle n'a point la flamme ;
Mais à force d'esprit elle en impose à l'âme.
Quel auguste maintien! quelle noble fierté!
Tout, jusqu'à l'art, chez elle est de la vérité.

Ces vers peignent bien cette actrice qui, enfant de son époque, n'avait rien de simple ni de naturel.

Parmi les rôles anciens dans lesquels elle brilla, on cite *Pénélope*, de l'abbé Genest ; *Laodice* dans *Nicomède*; *Arisbe* dans *Marius* de Decaux ; *Cléopâtre* dans *la Mort de Pompée*; *Viriathe* dans *Sertorius*; *la reine* dans *l'Astrate* de Quinault; *Cassandre* de *Venceslas*, et *Pulchérie* dans *Héraclius*.

Les nouveautés où elle créa les rôles principaux furent *les Troyennes* où elle joua *Cassandre*, en 1754; *Idamé* dans *l'Orphelin de la Chine*, en 1755; *Iphigénie en Aulide* de Guymond de Latouche, en 1757; *Astarbé* de Colardeau, en 1758; *Aménaïde* et *Calixte*, en 1760; *Zulime*, en 1761; *Zureucma* et *Zelmire*, en 1762; *Blanche* dans *Blanche et Guiscard*, en 1763; *Olympie*, en 1764; enfin *Aliénor* dans *le Siége de Calais*, représenté pour la première fois le 13 janvier 1765. Il faut ajouter à ces pièces tous les rôles importants des tragédies de Marmontel, qui fut l'un des amants de cette actrice célèbre.

Elle devait continuer une carrière brillante, lorsque tout-à-coup un incident auquel elle n'aurait pas dû prendre part l'écarta sans retour de la scène. Une actrice, Mlle Dubois, avec moins de talent, était opposée par la cabale à Mlle Clairon qui lui en gardait rancune. Dubois le père, acteur médiocre, ayant soutenu un procès désagréable, Mlle Clairon intrigua pour le faire renvoyer; ses principaux camarades, Lekain, Molé, Brizard s'entendirent avec elle et décidèrent qu'ils ne joueraient plus avec cet acteur.

Le 15 avril, à sa rentrée, ou afficha *le Siège de Calais*, où Dubois jouait *Mauni*; tous les acteurs refusèrent de paraître avec lui; le public s'offensa de cette haine, prit le parti de Dubois tandis que Mlle Clairon se sauvait chez elle.

Le tumulte augmenta et bientôt devint terrible. Les comédiens restés à leur poste essayèrent de jouer une autre pièce; mais le parterre n'en voulut pas, et Préville, son acteur favori, fut repoussé en venant tenter la représentation du *Joueur*; on ne cessa de crier: *Le Siège de Calais et Clairon à l'hôpital*. En effet, le lendemain, un exempt de police vint la prendre pour la conduire au For-l'Évêque où l'accompagna dans sa voiture Mme Berthier de Sauvigny, femme de l'intendant de Paris.

Ce fut dans cette circonstance que l'actrice, prenant ses grands airs, s'avisa de dire à l'exempt qu'elle était soumise aux ordres du roi qui ne pouvait rien sur son honneur. — *Vous avez raison*, répondit l'homme de la police, *où il n'y a rien le roi perd ses droits.*

Clairon passa cinq jours sous les verroux; alors, et sous prétexte de maladie, elle fut ramenée dans sa maison, ne pouvant y recevoir que six personnes par jour; cette sorte de captivité dura trois semaines; ses camarades ne furent pas punis plus sévèrement.

L'actrice, néanmoins, ne pardonna pas au pouvoir ce châtiment et cessa de faire partie de la Comédie française. Elle se retira avec dix-huit mille livres de rente qu'elle avait gagnées de toutes les façons. Cependant elle consentit, en 1770, lors du mariage du dauphin (Louis XVI), à jouer à Versailles *Athalie* et *Aménaïde*.

Ce fut chez elle qu'eut lieu la première apothéose de Voltaire. Vêtue en prêtresse d'Apollon elle débita une ode de Marmontel à la gloire de ce grand poète dont ensuite elle couronna le buste. Voltaire, charmé d'un pareil triomphe, en remercia celle qui y avait pris le premier rôle par les vers suivants:

Les talents, l'esprit, le génie
Chez Clairon sont très assidus,
Car chacun aime sa patrie
Et chez elle ils se sont rendus
Pour célébrer certaine orgie
Dont je suis encore confus.
Les plus beaux moments de ma vie
Sont donc ceux que je n'ai pas vus.
Vous avez orné mon image
Des lauriers qui croissent chez vous ;
Ma gloire, en dépit des jaloux,
Fut dans tous les temps votre ouvrage.

Clairon ayant perdu quatre sumille livres de rente, en 1772, lors des opérations de finance de l'abbé Terray, quitta la France et alla pendant dix-sept ans chez le margrave d'Anspach, fort amoureux d'elle, et où elle remplit ridiculement l'emploi de premier ministre. Devenue vieille on la disgracia. Elle retourna dans sa patrie où elle demeura ensevelie dans un oubli profond. Elle mourut le lundi 31 janvier 1803.

A Toulouse, jouant *Ariane* de Thomas Corneille, lorsqu'elle débita ce vers où elle cherche à deviner le nom de la rivale qui lui enlève le cœur de Thésée :

Est-ce Mégiste, Eglé, qui le rend infidèle?

le jeune Delamothe, agé de sept ans, et qui, dans la baigneuse de l'avant-scène, suivait avec un intérêt extrême l'action de la pièce, se pencha les yeux en larmes vers l'actrice en lui criant, d'une voix étouffée : *C'est Phèdre! c'est Phèdre!* et Clairon avoua à la spirituelle mère du jeune amateur que jamais hommage ne l'avait plus flattée que cette illusion produite sur l'enfance.

Un des premiers gentilshommes de la chambre lui faisant des reproches de ce qu'on avait cessé au quatrième acte une tragédie huée sans relâche depuis le premier : *Ma foi, monseigneur,* répondit-elle, *je voudrais bien vous voir sifflé pendant quatre actes pour savoir la mine que vous feriez au cinquième.*

Peu aimée, son arrogance lui fit de nombreux ennemis. Ses amants, qui faisaient foule, ayant fait frapper une médaille en son honneur, accompagnée des vers suivants :

> Pour l'inimitable Clairon
> On a frappé, dit-on, un médaillon ;
> Mais quelque éclat qui l'environne,
> Si beau qu'il soit, si précieux,
> Il ne sera jamais aussi cher à nos yeux
> Que l'est aujourd'hui sa personne ;

Saint-Foix, qui la détestait, se hâta de parodier ce mauvais madrigal de la manière suivante, et l'actrice en fut au désespoir :

> Pour la fameuse Frétillon
> On a frappé, dit-on, un médaillon ;
> Mais à quelque prix qu'on le donne,
> Fût-ce pour douze sols, fût-ce même pour un,
> Il ne sera jamais aussi commun
> Que le fut jadis sa personne.

L'affiche du Théâtre-Français ayant changé par mégarde le nom d'*Idoménée* de Crébillon en celui d'*Ydoménée*, Clairon en fit grand bruit et le reprocha vivement au prote de l'imprimeur qu'elle fit mander au comité. Le prote soutint que le mot lui avait été transmis écrit avec l'Y par le semainier; l'arrogante actrice se mit à dire qu'il n'y avait pas de comédien qui ne sût orthographer. — *Pardonnez-moi, mademoiselle*, répliqua malignement l'imprimeur, *c'est orthographier qu'il faut dire.*

Elle a publié ses mémoires en un volume, ouvrage sans intérêt, rempli de fiel, et qui doit au nom de Clairon le peu de succès dont il jouit.

Mlle Dubois, élève de Clairon, belle comme une nymphe, débuta dans sa dix-huitième année, le 30 mai 1759, *avec le succès le plus éclatant*, dit Marmontel, par le rôle de *Didon*; elle remplit ensuite en original *Atide* dans *Zulime*; *Elisabeth* dans *Warwick*; *Ildegone* dans *Pharamond* de La Harpe, qui avait eu l'oreille assez peu délicate pour mettre un *c* à la place du *g* dans le nom de la princesse; la singularité de la consonnance livra le parterre à des accès de rire convulsifs; *Adélaïde Duguesclin*; *Amirène* dans l'*Artaxerce* de Lemierre; *Irza* dans *les Illinois*; *Blanche de Bourbon* dans *Pierre-le-Cruel*.

Dorat, qui fut longtemps son amant, la loua sans mesure. Sa beauté la soutint plus que son talent. Elle mourut de la petite-vérole en 1779, laissant aux siens vingt-cinq à trente mille francs de rente.

Mlle CAMOUCHE, élève d'Armand, débuta, le 29 janvier 1759, par le rôle de *Médée*. On la loua beaucoup et elle promettait d'être une grande actrice ; elle joua successivement *Mérope, Phèdre, Athalie, Agrippine, Cléopâtre*. Sa riche taille, ses charmes, sa voix pleine et sonore charmèrent les spectateurs, lorsque la mort la frappa à sa dix-neuvième année, le 22 mars 1761.

Mlle SAINVAL *aînée*. Cette actrice, en qui le talent suppléait à la beauté, débuta, le samedi 3 mai 1766, dans le rôle d'*Ariane ;* elle joua successivement tous ceux de son emploi et obtint un succès mérité par tout ce qui donne la célébrité à la scène ; mais des ennemis nombreux, amis de Mme Vestris et de Mlle Raucourt, semèrent d'épines une carrière parcourue avec tant de succès.

Mlle Sainval, trop fière pour lutter, préféra prendre sa retraite en 1779.

Mlle SAINVAL *cadette*. Elle joua les grandes princesses et débuta, le 27 mai 1772, par le rôle d'*Alzire;* elle se retira en 1792 ou 1793. Moins habile que sa sœur, et cependant digne de la réputation qu'elle a laissée, le public se déclara son protecteur, et, en faveur de son mérite, lui fit grâce de sa laideur.

Mlles Sainval, retirées aux îles d'Hyères où elles avaient une terre, ont prolongé leur carrière bien après la restauration. Elles sont décédées vers 1830.

Mme VESTRIS (Marie-Rose Gourgaud Dugazon, femme d'Angiole-Marie-Gaspard Vestris); elle débuta le 19 décembre 1768, par *Aménaïde;* puis par *Ariane, Idamé, Alzire, Hypermnestre, Zaïre;* elle joua, en outre, les premiers rôles comiques, *Célimène* du *Misanthrope; la marquise* dans *la Surprise de l'Amour; Nanine* et *Mélanide*. Elle était d'une taille médiocre, mais belle et très aimable. Son talent, fort travaillé, tenait plus de l'art que de

6

la nature; elle eut des succès flatteurs et mérités; et elle les dut au soin qu'elle apportait à ses rôles; elle joua d'original *Lanassa* dans *la Veuve du Malabar*; *Euphémie* dans *Gaston et Bayard*; *Sophonisbe* de Voltaire; *Gabrielle de Vergy*; *Roxelane* dans *Mustapha et Zéangir*; *Irène*; *Alceste* dans l'*OEdipe chez Admète* de Ducis; *Melpomène* dans *les Muses rivales*; *la prêtresse* dans *Agathocle*; *Helmonde* du *roi Léar*; *Frédégonde* de *Macbeth*; *Véturie* dans *Coriolan*; *Augusta* de Fabre d'Eglantine; *Ericie* dans *la Vestale*; *Catherine* dans *Charles IX*; *Anne de Boulen* dans *Henri VIII*; *Jocaste* dans *Etéocle* de Legoavé, etc. Elle mourut le 6 octobre 1804.

Mlle FLEURY débuta le lundi 23 octobre 1786 par *Hypermnestre*, et se retira en mars 1807. Belle et grâcieuse actrice, possédée d'un vif désir de plaire, elle étudiait avec zèle, et obtint des applaudissements qui lui étaient chers. Je n'ai pas trouvé l'époque de sa mort.

Mlle RAUCOURT. Cette actrice, dont les débuts furent si brillants et qui, par les déportements honteux d'une vie débauchée, parvint dans sa jeunesse à se rendre odieuse à tous les gens de bien, joua pour la première fois, le mercredi 23 septembre 1772, le rôle de *Didon* au Théâtre-Français. Jamais, jusque-là, on n'avait vu la reine de Carthage représentée par une beauté aussi admirable.

Mlle Raucourt avait seize ans; sa taille haute, svelte, grâcieuse et noble, ajoutait aux charmes d'un visage dont chaque trait était une perfection. Une voix pleine, forte, étendue et non encore rauque; des gestes calculés savamment, fiers, énergiques, passionnés; une diction pure; des éclairs de génie qui rappelaient la célèbre Dumesnil, tout concourut à rendre d'abord cette actrice l'idole du public; mais combien mieux encore tant de perfections étaient-elles rehaussées par la renommée d'une innocence complète, d'une vertu à toute épreuve, vertu maintenue par des sentiments pudiques, et conservée encore par un père tellement jaloux de l'honneur de sa fille, qu'il portait constamment dans ses poches des pistolets pour ôter la vie à qui tenterait le rôle de ravisseur.

C'était sous de tels auspices et comblée des bontés de la cour que cette actrice apparaissait dans le monde. La dauphine lui fit cadeau de plusieurs costumes superbes, et une carrière brillante s'ouvrit pour Mlle Raucourt... Tout-à-coup le vent change; on apprend que cette candide créature trompe son père, le public et sa protectrice; que, se plongeant dans un libertinage infâme, cette impudente a même l'insolence de vouloir élever une école de corruption. Autre Lesbienne, elle ne se montre que vêtue en homme; et la pudeur de ses compagnes souffre de sa lubricité.

Des dettes énormes, l'indignation universelle, la menace faite par la magistrature de sévir contre de tels excès, obligent Mlle Raucourt à quitter le théâtre, Paris et la France; elle fuit en Russie, elle erre en Europe; enfin, quand on la croit corrigée, on la rappelle et elle revient faire les beaux jours de la Comédie française.

La révolution lui fit du mal, bien qu'elle ne

lui eût pas été contraire ; violente, impérieuse, toujours en querelle avec ses camarades, ils la virent avec plaisir sortir de France une autre fois, mais celle-ci d'une manière plus honorable, car l'empereur Napoléon l'autorisa à faire jouer la tragédie française, par une troupe de nos concitoyens, à Naples. Elle revint en 1814, époque où elle joua *Jocaste* pour la dernière fois.

Enfin, ayant terminé sa carrière dans le mois de janvier 1815, et le curé de Saint-Roch lui ayant refusé les derniers honneurs, ses funérailles faillirent amener une insurrection qui eût mieux encore aplani les voies au retour de Napoléon, mais que la prudence du sage Louis XVIII apaisa promptement.

Mlle Raucourt, avec des talents supérieurs, ne fut cependant pas une actrice célèbre ; devenue prodigieusement grasse, son embonpoint monstrueux detruisait, vers la fin de sa carrière, une partie de l'illusion à laquelle le son dur et sourd de sa voix nuisait encore plus.

Mlle DESGARCINS, élève de Molé, débuta le

24 mars 1788, par le rôle d'*Atalide*, qu'elle fit suivre de ceux de *Zaïre*, *Chimène*, *Palmire*, *Iphigénie*, *Andromaque*, *Hypermnestre*, *Alzire*, *Bérénice*, *Monime*, *Inès de Castro*. Les vieux amateurs admirèrent cette merveille de dix-sept ans; elle rappelait Gaussin, bien qu'elle fût moins jolie. Jamais on n'entendit une voix plus nette, plus harmonieuse ni plus flexible.

Elle joua *Seymour* dans *Henri VIII* de Chénier; *Zuleima* dans *Abdelaziz* de Marville; *Mélanie; Hedelmone* dans *Othello; Salèma* dans *Abuffar*. Sa carrière ne fut pas aussi longue que brillante; douée d'une sensibilité profonde, d'un organe enchanteur, aussi passionnée dans sa vie privée que sur la scène, l'inconstance d'un homme qu'elle adorait égara sa raison, et dans ce délire elle se frappa de trois coups de poignard. Secourue à temps elle ne fit depuis que languir et cracher le sang. Contrainte alors de se retirer à la campagne, des brigands pénétrant dans sa maison se saisirent d'elle, la lièrent, ainsi que les femmes à son service, et dévastèrent ses appartements.

Les victimes, qu'ils oublièrent, demeurent attachées pendant vingt-quatre heures. Quand on vint à leur secours, la tête de l'actrice n'était plus saine et cette folie se prolongea jusqu'au jour de sa mort qui eut lieu en août 1797.

Mlle Van Hove, connue aussi sous le nom de Mme Petit et surtout sous celui si honorable de Mme Talma. Fille d'un acteur, elle débuta, le 8 octobre 1785, par *Iphigénie en Aulide.* Rivale heureuse de Mlle Desgarcins, ayant sa voix mélodieuse, sa sensibilité, ses talents, elle lui fut supérieure par ses charmes et sa figure enchanteresse. Mariée à notre célèbre tragédien, elle joua, avec un succès croissant, *Hédelmone, Zuléma, Palmire, ladi Macbeth, Cassandre* dans *Agamemnon, Epicharis,* etc.; et, tant qu'elle resta au théâtre, chaque nouvelle pièce lui valut un triomphe mérité. Retirée à une époque où certes elle aurait pu prolonger ses succès, elle vit encore pour le bonheur de ses proches et de ses amis, honorant le beau nom qu'elle porte et qu'une rivale sans titre a voulu lui ravir ; estimée, aimée du public qui ne l'a pas oubliée et qui la regrette toujours. Ses vertus sont dignes, ainsi que ses talents, de cette juste récompense.

Mlle DUCHESNOIS, flamande d'origine, était femme de chambre lorsque son talent se développa. Elève de Legouvé, elle débuta en 1802 par le rôle de *Phèdre*, rôle qu'elle affectionna toujours et où elle fut constamment admirable. Prise en haine par le critique Geoffroy, le public la vengea d'une malice odieuse par ses nombreux applaudissements. Grande, bien faite et laide, elle avait une âme passionnée, une voix harmonieuse et souvent du génie et de l'inspiration.

Tous les rôles de son emploi furent tour à tour abordés par elle et presque tous avec succès. Parmi ceux qu'elle créa on a distingué la *Jeanne d'Arc* de d'Avrigny ; *Marie de Médicis* dans *la Mort d'Henri IV* de Legouvé ; *Marie Stuart, Clitemnestre, Elisabeth de France* de M. Soumet ;

Mathilde dans *Isabelle de Bavière* du baron de Lamothe-Langon, etc.

Une maladie cruelle la força de prendre sa retraite en 1830; elle est décédée en 1834.

Mlle GEORGES WEYMER. Je nomme cette actrice célèbre, mais les convenances ne me permettent pas de m'exprimer librement sur son compte. Tout ce que je peux dire c'est que ses débuts furent brillants et que les amateurs déplorent chaque jour son éloignement d'une scène dont elle faisait la gloire et qui manque aujourd'hui à la sienne.

Mlle VOLNEY. Cette jolie et grâcieuse actrice débuta en 1801 par le rôle de *Junie* dans *Britannicus*. Destinée à jouer les grandes princesses elle parut avec avantage, grâce à un fonds de sensibilité, à une voix flexible et douce, à un jeu sans emphase que gâtait un peu de froideur et un débit souvent trop tourné au genre larmoyant. Elle créa d'original un grand nombre de rôles dans diverses tragédies nouvelles, et le public la conserva toujours sous sa protection.

6.

Retirée en 1820 elle a vécu dans une retraite profonde, où elle est morte il y a quelques années.

Mlle BOURGOING débuta en 1802 par le rôle d'*Iphigénie*. Sa céleste figure, ses grâces, une intelligence parfaite, tout ce qu'il faut pour séduire et pour plaire, rendit cette actrice chère et agréable aux amateurs. Spirituelle, royaliste par excellence, elle a été vivement regrettée à l'époque où elle se retira.

Mlle MAILLARD, le 11 juin 1808, débuta à la Comédie française par le rôle d'*Hermione*; c'était une jeune et belle actrice qui, dès son entrée, attacha sur elle les regards des amateurs et mérita que le terrible critique Geoffroi s'exprimât en ces termes sur son compte :

« Je prêche depuis longtemps contre les cris, les fadeurs langoureuses, les roucoulements flûtés, les sons pleureurs et traînants, le chant monotone et tous les vices qui se sont mis en crédit sur notre scène tragique; je ne cesse de recommander la justesse des intonations, la variété des inflexions, l'exactitude de la prononciation, la fermeté du ton, le naturel, la variété, la franchise de l'accent; j'insiste continuellement sur la nécessité de tirer ses effets de son âme et de chercher ses moyens ailleurs que dans la force des poumons. Les acteurs et les actrices qui se faisaient applaudir par leurs défauts même se moquaient de mes avis; voici un exemple vivant que le hasard envoie à l'appui de ma doctrine: une jeune personne de *dix-sept ans*, qui dit bien parcequ'elle sent vivement ce qu'elle dit, qui fait une impression extraordinaire dans un rôle le plus difficile du théâtre avec le seul secours d'un débit simple et franc et d'une sensiblité vraie.

« Il faut faire observer à l'avantage de la débutante et de sa méthode, qu'elle a subjugué un public qui n'était point à elle, comme cela n'arrive que trop souvent dans les débuts. Celui-ci a fait une grande sensation, et, si l'actrice ne se ralentit pas, nous aurons enfin de quoi réparer les pertes que la Comédie française semble avoir faites sans retour. » *Journal de l'Empire, feuilleton du mardi* 14 *juin* 1808.

Dans un autre feuilleton, celui du 18 courant, Geoffroi disait encore : « Le public ne gâte point la débutante, mais la débutante force et entraîne le public ; on l'applaudit beaucoup parcequ'elle fait grand plaisir... Mlle Maillard n'a ni parti, ni cabale ; elle n'a que son talent. »

Après avoir paru trois fois dans le rôle d'*Hermione,* elle attaqua, le 22 juin, celui d'*Alzire;* trahie par son émotion elle parut avec moins d'éclat que la première fois ; mais plus tard, reparaissant dans le même rôle, elle enleva les suffrages ; succès confirmé par ces paroles du feuilleton du 26 juin :

« La débutante a pris victorieusement sa revanche ; elle a réparé un peu de faiblesse par une victoire éclatante. Je croyais qu'elle avait besoin de repos ; elle ne se reposait qu'en faisant mieux, et elle ne connaît de remède contre la fatigue que le succès et les applaudissements. Sa prononciation ne laisse plus rien à désirer ;

elle trouve dans son âme et dans sa sensibilité une source inépuisable de moyens; elle touche sans pleurer, elle émeut sans crier. »

Roxane dans *Bajazet*, *Idamé* dans *l'Orphelin de la Chine*, *Iphigénie*, etc., complétèrent les débuts de la jeune Maillard et déterminèrent sa réputation. Le public charmé en conçut de grandes espérances; il ne la voyait point parfaite encore, mais en voie de se perfectionner. Déjà ses rivales s'en inquiétaient et on la repoussait dans l'ombre autant que possible. Cette injustice irrita une âme fière et pleine d'énergie; un sombre chagrin mina son existence que d'autres tourments brisèrent aussi. Mlle Maillard déclina rapidement et mourut en 1811, agée à peine de vingt-un ans, laissant des regrets qui se sont perpétués chez les amateurs.

Si la métempsycose était une réalité, tout me porterait à croire que l'esprit de Mlle Maillard anime aujourd'hui l'intelligence sublime de la jeune Rachel.

Mlle LEVERT (Emilie). Cette charmante actrice

débuta à la Comédie française, le 30 juillet 1808, par *Célimène* du *Misanthrope*, et *Roxelane* des *Trois Sultanes;* elle ne se destinait qu'à la comédie dont elle remplissait les premiers rôles. Son jeu franc, fin, spirituel, rempli de mordant, de vivacité, et où une diction élégante ajoutait aux grâces d'une physionomie pleine d'attraits ; tout conquit à Mlle Levert des suffrages mérités; elle n'aurait pas néanmoins obtenu dans cette galerie des actrices tragiques la place que je lui donne si, vers la fin de sa carrière dramatique, elle n'eût joué la tragédie; je citerai notamment les personnages de *Catherine II* dans *Olga* de M. Ancelot; d'*Elisabeth* dans *Amy Robsart* de M. Soumet, etc. Elle se montra habile actrice dans ces rôles graves, et son double talent augmenta nos regrets lorsqu'en 183 elle a pris sa retraite. Elle avait débuté auparavant à l'Opéra et toujours avec agrément.

Mme PARADOL. Cette actrice, dont la beauté peu commune accompagnait un caractère gracieux, qui était certaine de plaire, soit au théâtre, soit à la ville, après avoir joué en province, et à Marseille notamment, parut, en 1816, à l'Opéra où l'agrément de son jeu ne put balancer la faiblesse de sa voix. Le 23 juillet 1819 elle débuta à la Comédie française par *Sémiramis*.

Le *Journal des Débats* rend compte, en ces termes, de cette apparition si heureuse pour l'art dramatique : « Il est difficile à une jeune personne de réunir plus de dons naturels : une stature élevée, une physionomie noble et régulière, une prononciation nette et exempte de défectuosités ; elle joint à ces qualités de la chaleur, de l'énergie, une âme tendre, passionnée, impétueuse ; et peut-être ce dernier sentiment nuit-il à ses moyens en lui faisant trop presser son débit. Au reste, elle annonce ce qui constitue une actrice consommée, et tout nous répond qu'elle réalisera de si belles espérances. »

Émilie dans *Cinna*; *Mérope*; *Clytemnestre* dans *Iphigénie*; *Agrippine* dans *Britannicus*; *Cléopâtre* dans *Rodogune*, etc., complétèrent ses débuts.

Depuis lors Mme Paradol seconda Mlle Duchesnois et sut se faire applaudir par ses qualités brillantes et naturelles. Le romantisme, battant en brèche la tragédie classique, dut chercher à dégoûter les acteurs, les actrices, qui lui consacraient leurs efforts. Mme Paradol devint son point de mire : on fut injuste envers elle, on la tourmenta, on la blessa, et si bien, qu'après vingt ans de succès non interrompus et bien mérités cette belle et bonne actrice a pris sa retraite, laissant les amateurs inconsolables de sa perte et Melpomène pleurant l'une de ses plus dignes prêtresses.

V.

Talma. — Damas. — Lafont.

TALMA (François-Joseph), né à Paris en 1766, fils d'un dentiste célèbre établi à Londres, put dans son enfance voir jouer les pièces de ce *Shakspeare* dont il retraçait si bien les héros transportés sur notre scène par Ducis. A l'âge de douze ans, remplissant au collége le rôle de Philoctète, il se mit à pleurer en plein théâtre les malheurs imaginaires du compagnon d'Ulysse.

Revenu en France et entraîné par son penchant, il se détermina à suivre la carrière dramatique et débuta le 27 novembre 1787 à la Comédie française par le rôle de Séide dans *Mahomet*. Son succès fut complet, on l'accepta et selon l'usage on le chargea de diverses utilités, telles que le *Garçon de café anglais* dans les *deux Pages;* le *Confident de Philoctète* dans *OEdipe.* Comme il rentrait dans la coulisse après avoir rempli ce dernier rôle, le célèbre Ducis, venant à lui et saisissant sa tête entre ses mains, se mit à dire : *Que de crimes là-dessous!* exprimant ainsi son opinion du talent futur de Talma. Le neveu de Ducis a représenté ce fait dans un tableau digne d'éloges.

Une maladie nerveuse fut l'étincelle électrique qui développa complétement le génie de notre acteur. *Charles IX* de Chénier, qu'il joua en 1789, le tira de la foule, et dès ce moment chaque pas qu'il fit fut un succès immense.

Qui, l'ayant vu jouer, l'oubliera jamais, dans les rôles de *Néron*, d'*Oreste*, d'*Assuérus*, de *Joad, Cinna, Nicomède, Manlius, Mahomet, OE-*

dipe, etc.; dans les rôles plus modernes de *Néron* dans *Épicharis ;* d'*Égyste* dans *Agamemnon ;* de *Macbeth ;* de *Pharan* dans *Abuffar ;* du jeune *Marigny* dans *les Templiers ;* d'*Omasis ;* d'*Oreste ;* de *Clytemnestre* de M. Soumet; de *Mahomet II* de M. de Lormian ; de *Sylla* de M. de Jouy ; enfin, prêt à finir sa carrière, ce fut dans le rôle de *Charles VI* qu'il déploya toute la profondeur de son talent.

Ce grand acteur mériterait un plus long article s'il n'était pas aussi connu ; son souvenir occupe encore la mémoire de deux générations. En le citant ici, je n'ai voulu que le rappeler à un public qui ne cessera de regretter le comédien parfait et le citoyen privé, doué de toutes les vertus, de toutes les qualités qui font l'homme du monde. Il continuait à nous charmer, nous l'applaudissions avec transport, voyant grandir son génie à mesure qu'il avançait en âge. Tout-à-coup la mort le surprit et nous l'enleva. Il mourut à Paris le 19 du mois d'octobre de l'an 1826.

Damas débuta le 18 juin 1791 par le rôle d'*Égyste*. Il joua depuis lors dans les deux genres les jeunes premiers, et même quelques premiers rôles avec un succès dû à une âme chaleureuse et passionnée, qui faisait oublier sa laideur. Il créa pendant trente-cinq ans une multitude de personnages auxquels il imprima une physionomie variée. Le public appréciait beaucoup le talent et l'intelligence de cet acteur, digne d'ailleurs de l'estime particulière que lui portaient ses amis. Damas joua jusqu'en 182 qu'il prit sa retraite, et la mort tarda peu à le surprendre.

Lafont débuta en 1800 par le rôle d'*Achille* dans *Iphigénie*. Cet acteur, qu'un misérable esprit de parti voulut opposer à Talma, méritait sans doute des éloges. Il jouait avec enthousiasme, avec entraînement, les rôles de chevalerie et de magnanimité, *le Cid, Orosmane, Gengiskan, Vendôme, Tancrède, Édouard* dans *Pierre-le-Cruel, Ninias*, etc.; et les spectateurs admiraient sa taille noble, sa figure belle et imposante ; mais il ne fallait lui demander ni profondeur ni méditation. A la centième fois il jouait un rôle comme à la première, sans jamais le varier, sans chercher à le creuser au-delà de la superficie. Jaloux de Talma, qui certes ne l'était pas de lui, il désigna constamment ce grand acteur par cette phrase méprisante : *L'autre joue ce soir, l'autre m'a fait un passe-droit.* Je ne crois pas que le nom de Talma soit jamais sorti de sa bouche.

Lafont, homme privé, fut bon époux, bon père, bon ami, homme d'honneur, rempli de délicatesse; tout en lui révélait l'homme de bonne compagnie, et il relevait sa profession dans ce qu'elle a d'équivoque par de la dignité, du mérite et des vertus. Retiré dès 1830, il reste comme Achille sous sa tente; néanmoins il reparaîtra à sa représentation à bénéfice qui aura lieu dans le mois de janvier 1839.

VI.

Grandes actrices du XVIIIe siècle. — Pénurie du XIXe siècle. — Mlle Georges vue sous deux aspects opposés. — Mlle Duchesnois, reine sans partage. — Encore Mlle Maillard et Mme Paradol. — Mlle Valmonsey, M. Du... et le *Constitutionnel*. — Des révolutions dans les états et au théâtre. — M. Michelot. — Firmin. — Mme Dorval. — Charlatanerie impuissante. — Le caissier de la Comédie française enfonce les enfonceurs.

Je n'ai pas eu la prétention de rendre complète la galerie des acteurs et des actrices qui ont joué la tragédie sur le théâtre national ; j'ai parlé des principaux, de ceux dont le souvenir est conservé par les amateurs et les véritables gens de lettres. J'ai voulu faire voir combien il est rare depuis longues années de rencontrer dans les femmes surtout la supériorité de talents qu'exigent, pour être représentés dignement, les rôles de reines et de grandes princesses. Le XVIIIe siècle, plus heureux que le nôtre, s'enorgueillit de Mlles Duclos, Lecouvreur, Desmare, Gaussin, Dumesnil, Clairon, Connell, Drouin, les Sainval, Desgarcins, Raucourt, etc., et vers la fin il compta encore Mmes Vestris, Fleury, Van Hove, etc. Le XIXe, moins heureux, commença par amener deux débuts qui, à raison de l'enthousiasme dont le parterre s'enflamma, semblèrent annoncer la réparation complète des pertes que le théâtre venait de faire. Mlles Georges et Duchesnois occupèrent d'abord les cent bouches de la renommée; mais lorsque l'engouement fut apaisé, on vit avec un regret mêlé de dépit que, si l'une était admirablement belle, elle manquait malheureusement de sensibilité et de ce feu sacré qui anime et colore les beaux rôles et les vers sublimes; que, si l'autre savait peindre avec entraînement le rôle passionné de Phèdre, elle le devait non à son intelligence, mais à sa fidélité à suivre les leçons d'un habile maître.

En un mot, tant que Mlle Georges resta à la Comédie française, elle n'ajouta rien à l'éclat de ses débuts ; son talent ne grandit point, et il fallut la ranger forcément dans la classe des artistes médiocres. Elle s'endormait donc sur ses premiers lauriers, et son avenir ne se dévoilait pas encore. Lorsqu'après des débats longs et pénibles cette superbe actrice renonça au seul théâtre digne d'elle, elle passa plusieurs années à courir la France et l'Europe, ce qu'en style de coulisses on appelle *cabotiner*.

Enfin de retour à Paris, elle conçut, comme le peuple de Samarie, le projet d'élever temple contre temple, autel contre autel. Et soit à l'Odéon, soit à la Porte Saint-Martin, elle remonta sur la scène, et en étonnant le public par le développement de ses moyens, l'énergie chaleureuse de son débit, la noblesse de ses gestes, la pureté de sa diction enfin, on reconnut en elle l'actrice sublime devinée lors de ses débuts, et que par nonchalance ou caprice sans doute elle avait dissimulée.

Mais elle régnait seule dans ce nouveau royaume; et son génie restait perdu pour l'art. Contrainte à jouer dans des pièces informes, dans des drames indignes de son talent admirable, les connaisseurs, en déplorant son absence, ne la comptaient plus et ne la comptent plus aujourd'hui parmi les prêtresses du culte pur de Melpomène. Elle fait secte à part ; c'est une hérétique dont on regrette l'erreur, et dont le mérite si relevé ne sert qu'à prolonger un schisme trop fatal à sa gloire, à cette gloire dont elle est digne et dont néanmoins elle ne jouit qu'imparfaitement.

Sa rivale, Mlle Duchesnois, au lieu de se jeter dans le protestantisme dramatique, demeura fidèle à la véritable religion, s'éloigna des novateurs, et comprit que, pour obtenir ces succès brillants, solennels et de bonne compagnie, ces

7

succès qui en relevant l'actrice dans la vie privée lui accordent une importance particulière à laquelle n'atteint jamais toute autre réputation, il fallait se consacrer uniquement à jouer la tragédie classique, la seule capable de se maintenir en possession du théâtre, et à laquelle en France on reviendra toujours lorsque la mode extravagante se sera lassée de protéger des monstres sans vie réelle et animés momentanément d'une existence factice.

Mlle Duchesnois, restée maîtresse de la scène tragique par la fuite de Mlle Georges et par les absences prolongées de Mlle Raucourt, dont la mort acheva de l'établir reine absolue, Mlle Duchesnois régna environ trente ans, mais sans grandir dans l'opinion, mais sans imprimer à ses derniers rôles une supériorité incontestable, sans imiter Talma, par exemple, qui s'élevait de jour en jour, et qui méritait un triomphe plus complet chaque fois qu'il créait ou rétablissait un rôle.

Mlle Duchesnois, belle par les formes de son

corps, la riche souplesse de sa taille, manquait de ce charme puissant que procure aux actrices une physionomie agréable. Elle était laide, laide à désillusionner ses premiers admirateurs; mais une sensibilité profonde, des élans d'inspiration que le hasard lui accordait, l'attrait d'une voix sonore, harmonieuse, à la fois douce et forte, et plus encore son isolement, lui permirent de paraître à la tête de la Comédie française, et d'être applaudie, aimée même, sans néanmoins qu'il fût possible de la ranger dans la classe où les connaisseurs avaient élevé Mlles Clairon, Dumesnil, Lecouvreur, etc.

Autour d'elle il n'y avait que des actrices agréables, jolies, aimant leur art, mais manquant des qualités qui auraient pu lui donner de l'ombrage. Pendant trente ans elle n'eut à craindre qu'une seule fois, lorsque la sublime Maillard apparut auprès d'elle... La mort protégea Mlle Duchesnois; sa jeune et énergique émule ne fit que paraître; et depuis 1808 jusqu'à 1830 toutes les débutantes qui se succédèrent ne furent que des météores passagers auxquels même l'erreur du public n'accorda pas un triomphe éphémère.

Une seule actrice sans talent supérieur inquiéta dans les derniers temps Mlle Duchesnois, non sur le théâtre où devait être livré le combat tragique, mais dans les feuilletons du *Constitutionnel,* où presque chaque jour l'un des principaux rédacteurs de cette gazette, le sieur D...., créait à Mlle Valmonsey un talent ignoré du public et des succès qui en réalité étaient des défaites.

C'était chose plaisante que d'entendre ce journaliste, fort mauvais littérateur lui-même, porter aux nues et enivrer d'encens une actrice commune, vulgaire, sans enthousiasme, sans connaissance de son art, froide, sèche, maniérée.

A cette époque *le Constitutionnel* était l'évangile du libéralisme, car alors le libéralisme était une profession, un état, un parti; et aujourd'hui, fantôme disparu, il n'a laissé de traces que par l'avidité que manifestent ceux qui en furent les principaux coryphées. Or, les articles du *Constitutionnel* passant pour articles de foi aux yeux des boutiquiers par exemple, et entre ceux-ci aux yeux des épiciers surtout, il n'était pas de commis dans les rues Saint-Martin et Saint-Denis qui, sur le dire de M. D., ne voulût voir la grande, l'incomparable tragédienne ; mais le lendemain ils se disaient victimes d'un guet-à-pens de journaux, et ne revenaient plus admirer sur parole le jeu sublime de Mlle Valmonsey.

Les rôles adoptés par Mme Paradol étaient ceux que Mlle Duchesnois ne voulait pas ; elle ne souffrait pas que cette grâcieuse actrice jouât dans les pièces nouvelles les rôles où elle eût pu mériter des applaudissements ; et, usant de son droit d'ancienneté, elle la relégua sans pitié dans le second plan.

Tandis que Mlle Duchesnois cherchait à régner seule, le romantisme, ai-je dit, lui déclarait une guerre acharnée, guerre soutenue avec tant de véhémence, que l'actrice dut succomber. Elle se retira ; et alors le diamant de la secte nouvelle,

Mme Dorval, franchit l'espace qui sépare la Porte-Saint-Martin de la Comédie française ; et la tragédie à son aspect prit la fuite ; et réellement Racine fut *enfoncé* avec tous nos grands, nos sublimes auteurs.

Il y a au théâtre, comme chez les nations, des époques perturbatrices où le faux l'emporte sur le vrai, où le mauvais goût triomphe du bon, où l'anarchie prend la place de l'ordre, où les lois, les règles de la justice, de la saine raison, sont méconnues ; où des pygmées parviennent, à force d'audace et d'adresse, à se faire prendre pour des géants ; où des sots font accroire qu'ils ont du génie ; où des coupables montent au rang des victimes.

Dans les états ces révolutions sont sanglantes ; au théâtre elles ne sont qu'absurdes, que ridicules ; c'est ce qui eut lieu à la Comédie française à l'époque où des eunuques, déguisant leur impuissance sous un air d'étrangeté qui devint à la mode, chassèrent les chefs-d'œuvres, justes objets de notre admiration, et les remplacèrent par les informes, les grotesques fruits de leurs folles élucubrations.

Alors on vit, après la mort de Talma, qui fut le dernier des Romains, les acteurs, les actrices tragiques abandonner la scène ; et la plupart d'entre eux, les hommes surtout, apostasier et embrasser le culte nouveau. Par exemple, Michelot, qui promettait de faire mieux que Lafont, Michelot quitta le cothurne et se déclara serviteur du nouveau genre. Firmin l'imita ; Firmin au cœur de flamme, au débit ardent et passionné, lui qui serait devenu un excellent jeune premier, préféra les rôles romantiques et déserta la carrière où déjà il marchait avec tant de succès.

Alors on appela à la Comédie française une femme que la nature avait créée exprès pour comprendre le drame moderne et pour réchauffer sa glace au feu d'un talent digne d'éloge et d'admiration. Mme Dorval, qui n'est pas une habile tragédienne, joue d'inspiration et de verve le drame bâtard, elle y excelle, elle y est admirable, et pourtant ce genre qui fait sa réputation se trouve mal à son aise au Théâtre Français; il me rappelle l'opéra de *Picaros et Diégo,* où les valets tiennent la place des maîtres. C'est le même fait qui nous frappe, lorsque sur la scène destinée aux merveilles de Corneille, de Racine, de Voltaire et de Crébillon, etc., on transporte *Hernani, Henri III, le Roi s'amuse, Angelo, Clotilde, Chatterton, Richard Savage, Caligula,* etc., et autres productions bourgeoises qui eussent trouvé leur place à la Porte Saint-Martin ou à la Renaissance, mais qui se présentent comme autant d'anomalies aux Français.

En vain, la camaraderie, les journaux, dans lesquels le romantisme a fait irruption, saluèrent-ils cette nouvelle ère, et félicitèrent-ils les comédiens du théâtre national d'avoir vaincu les préjugés et d'être sortis de l'ornière classique. En vain exalta-t-on la foule qui encombrait la salle; en vain gonfla-t-on le produit des recettes; en vain Mlle Mars, désertant, elle aussi, les glorieux drapeaux, poussa-t-elle l'abnégation jusqu'à servir de pavois à Mme Dorval; rien n'y fit, la mode toute-puissante en France ne put parvenir, malgré ses efforts, à pervertir le goût national.

Bientôt la vérité toute nue se montra; on sut que les succès romantiques ruinaient la Comédie française; que la salle remplie à chaque représentation l'était uniquement de billets donnés; que les recettes diminuaient de jour en jour; que le public véritable, non les enfants, les ouvriers et les ignorants, mais les hommes instruits, sages et pleins de goût, ceux qui appartiennent à la bonne compagnie ou qui sont dignes d'en être, ceux qui paient enfin leur place, et qui, par l'indépendance de leur position, jugent en dernier ressort; ceux-là, dis-je, s'étaient retirés, et par leur absence livraient notre théâtre national aux chevaliers du lustre ou à ceux qui ne valent guère mieux.

Quoi! les *enfonceurs* étaient enfoncés eux-mêmes! Quoi! ces sublimes *jeunes France*, dont chaque impression est un chef-d'œuvre, ne pouvaient enrichir le théâtre qu'ils daignaient protéger! Quoi! la foule qui les applaudissait n'était composée que de camarades, de parents, de claqueurs! Oui, certes, et en preuve de ceci, les dettes de la société et l'éloignement de Mme Dorval qui comprenait enfin qu'elle n'était pas là à sa place.

VII.

Joanni. — Ligier. — Beauvalet. — Les débutantes chantantes. — Exceptions. — Mme Menjaud. — Son mari. — Mme Volnys. — Mme Noblet. — Mlle Rabut. — Mlle Anaïs. — Mlle Mante. — Mlle Plessis. — L'affluence et le désert appauvrissant également les Français.

Grâce aux romantiques, il n'y avait plus de tragédie nationale; et notre théâtre, si longtemps le modèle envié de toute l'Europe, croulait accablé de dettes; faute d'acteurs trois hommes de mérite, MM. Joanni, Ligier, Beauvalet perdaient leur talent dans la rouille de l'école moderne; contraints à servir les faux dieux, ils ne brûlaient qu'à regret l'encens sur leurs autels ; mais, entraînés par la vogue, ils acceptaient des rôles que jadis auraient refusés peut-être les acteurs des boulevards.

Jouer la tragédie leur devenait impossible ; les actrices manquaient ; les débutantes, gâtées par la routine nouvelle, n'étaient pas animées du feu sacré ; quelque bonne volonté ne suppléait pas au défaut de talent, de verve, d'intelligence; chaque actrice qui paraissait représentait exactement les défauts, la mauvaise manière de celle qui l'avait précédée ; des noms remplaçaient des noms, et une même obscurité couvrait ces tristes héritiers d'un art autrefois si brillant et si sublime. Qu'on me cite depuis 1820 une seule débutante dont on se souvienne aujourd'hui, une seule qui n'ait pas déclamé, pleuré, chanté, psalmodié, attristé, fatigué, ennuyé comme ses compagnes! Ombres silencieuses, elles passaient tour à tour, agaçaient le public qui, les dédaignant, tournait la tête, et elles, repoussées, allaient toutes s'ensevelir dans le même champ de repos : la province.

Il m'en coûte beaucoup d'affliger des femmes qui, hors du théâtre sans doute, méritent notre estime et nos hommages, mais qui, sur la scène, ne montrent que le tableau de l'orgueil soutenant l'impuissance. Ce n'est pas que de loin à loin on n'en rencontrât une capable de donner des espérances ; et dans le nombre de celles-ci je me plais à citer Mme Menjaud, et même à la mettre à la tête des autres. Celle-là possédait la voix tragique, le cri du génie, une âme chaleureuse et passionnée, de l'intelligence, de l'esprit, un cœur élevé et noble, des manières gracieuses et des vertus d'intérieur dont le reflet l'illuminait sur le théâtre ; mais une constitution frêle et chétive, une taille trop exigue, une souffrance physique continuelle, n'ont pas permis à Mme Menjaud de poursuivre glorieusement une carrière où son mérite lui promettait du succès, carrière d'ailleurs dans laquelle son mari a fait des progrès réels ; il a deviné par son bon esprit, par son instinct supérieur, les manières, l'élégance, le ton parfait de cette bonne compagnie dont le monde et le théâtre ne présentent plus de modèles.

Certainement Mme Volnys a de la chaleur, de l'intelligence ; son âme est un foyer qui échauffe ses rôles ; elle est belle, sa voix débite bien, ses gestes ne manquent ni de noblesse ni de grâce ; mais le romantisme a passé par là, et le romantisme perd tout ce qu'il touche. Son aspect est bourgeois, cavalier ; ses formes amphibies apportent la trivialité là où il faudrait de la noblesse et de la bouffissure où la simplicité serait de si bon goût.

Mme Noblet a pareillement des qualités précieuses ; elle encore répand sur ses rôles l'entraînement qui nous la présente comme une prêtresse inspirée. Certes, elle joue avec un tact parfait le rôle du jeune roi dans *les Enfants d'Edouard*, celui du *Dauphin* dans *Louis XI*. Il n'y a pas jusqu'à la *Nancy Gorr* de *Richard Savage* où elle ne nous arrache des larmes, mais à elle aussi l'influence du Conservatoire et de l'école ont enseigné la psalmodie, ce chant triste et monotone qui nous a rendus sévères envers la charmante Mlle Rabut, laquelle du reste gagne chaque jour; elle comptera au nombre des membres de la comédie française. Ceux-ci, frappés de l'étincelle électrique, donneront une physionomie nouvelle à la tragédie classique, la première de toutes, qui, pour écraser sa rivale, ne demande qu'à être débitée avec un naturel simple et noble, et non chantée ainsi qu'on l'a trop entendue jusqu'ici.

Voyez Mlle Anaïs, cette prodigieuse intelligence, habile à saisir l'esprit de chaque rôle; qui excite le rire franc dans la comédie, et qui, noble et gracieuse quand elle entre dans le temple de Melpomène, parle la tragédie sans la déclamer ou la solfier, *second diamant* de la scène française comique, qui a trop tardé à y venir prendre son rang, et qui, malgré des passe-droits injustes, a su se conquérir une position bien élevée dans l'affection, l'estime et la bienveillance du public.

Sans doute qu'avec ces charmantes actrices

que je viens de nommer, avec Mlles Mante et Plessis, qui toutes les deux auraient dû s'essayer dans les rôles tragiques, renouvelant ainsi l'ancien usage, sans doute que l'on eût pu jouer nos chefs-d'œuvres; mais *l'abomination de la désolation* avait frappé le sanctuaire; le romantisme impérieux, se grimant en Neptune, avait prononcé son *quos ego!*... et ni acteur ni actrice n'osait rouvrir la scène à nos chefs-d'œuvres, bien toutes fois qu'ils sentissent l'insuffisante impuissance des *enfonceurs*.

Certes, on pouvait dire *les chants avaient cessé*, la salle des Français n'était plus qu'une vaste solitude; chaque fois que l'on y représentait de loin à loin Cinna, Andromaque, Mérope, le dégoût des acteurs était passé aux spectateurs; et seulement lorsqu'un ami se faisait représenter, alors les amis accouraient gratis et formaient une foule non moins funeste à la caisse du théâtre que le désert créé par l'annonce sur l'affiche d'une pièce de l'ancien répertoire.

VIII.

Rachel (*Félix*).

Ainsi, la vraie tragédie française était morte. Ce lion, à son décès, recevait chaque jour le coup de M. Granier de Cassaignac; tout concourait à ce meurtre. Talma, frappé inopinément, avait disparu du théâtre et de la vie; Mlle Duchesnois était morte aussi; Mme Paradol prenait sa retraite; Mlle Georges se refusait à prêter son puissant secours à la noble muse que son caprice trahissait; il n'y avait ni Volnais, ni Bourgoing, elles étaient terrassées aussi sous la faux impitoyable, ainsi que Mme Valmonsey. Il ne restait aucune des prêtresses de Melpomène. Dégagés de l'ascendant que Talma leur imprimait; libres de l'envie qu'ils pouvaient avoir d'atteindre Lafont et Damas, MM. Michelot et Firmin avaient passé dans le camp ennemi; MM. Joanni, Desmousseaux, Ligier, Beauvalet, Marius, Maillard, Geffroy, s'entre-regardaient dans leur oisiveté forcée, car nul poète classique n'osait leur offrir des rôles dans un genre de pièce que la camaraderie ferait tomber; et d'ailleurs, où auraient-ils rencontré des femmes capables de les seconder dans le Cid, Horace, Cinna, Rodogune, Polyeucte, Andromaque, Britannicus, Bajazet, Mithridate, Iphigénie, Phèdre, Athalie, OEdipe, Mérope, Zaïre, Alzire, Mahomet, Sémiramis, Gengiskan, Tancrède, etc.? Celles qui, dans un autre temps, auraient pu leur répondre ne savaient que jouer le nouveau répertoire et, faut-il le dire, manquaient des premières qualités exigées par la tragédie nationale : la noblesse, la simplicité, la pudeur et la fierté modeste; elles savaient crier, hurler, même se tordre les bras, se rouler par terre, faire rougir un amant de leurs avances de débauche, en un mot exprimer ce que le romantisme appelle *faire l'amour*, et qui n'est que l'amour des tabagies, des musicos, et non cette passion chevaleresque, galante, grandiose, qui, parcequ'elle se montre chaste, candide, réservée, n'en est pas moins sublime, moins vraie. En un mot, nos actrices, malgré elles, ayant à leur tête un beau talent (dans son genre), Mme Dorval, étaient impuissantes à débiter ces rôles tendres, chastes et passionnés d'Hermione, d'Alide, de Roxane, de Chimène, de Laodice, de Zaïre, d'Aménaïde, de Phèdre, d'Alzire, d'Emilie, d'Adélaïde Duguesclin, etc., et cette vierge sublime, cette Iphigénie si pure, si blanche de cœur et de sentiment, et cette Pauline, épouse vertueuse, qui ne perd rien de sa majesté de femme entre un mari qu'elle respecte et un amant qu'elle a aimé. Comment concevoir Pauline après avoir joué la maîtresse de Chatterton et Junie à la suite de Tisbé? cela ne se pouvait, et je le répète encore, la tragédie française rendait le dernier soupir.

Il y a dix-sept ou dix-huit ans que dans une des plus sales, des plus humides, des plus obscures rues de Paris, une femme juive, dont le mari porte pour nom de famille le prénom de Félix (heureux), mit au monde une fille faible, frêle, grêle créature, n'ayant au jour de sa naissance qu'un souffle de vie et dont déjà on pleurait la perte quand la muse tragique tressait pour elle ces couronnes qu'elle lui montra dès le berceau.

L'enfant apportée à la synagogue, le huitième jour, y fut rachetée selon l'antique usage, y subit la mystérieuse circoncision et fut marquée du nom charmant de Rachel que porta la femme bien-aimée de Jacob, de ce père fécond d'un peuple innombrable et certes bien autrement noble, vu sa prodigieuse et incontestable ancienneté, que les descendants de ces douze pécheurs qui fondèrent Venise dans les lagunes de l'Adriatique.

Des frères, des sœurs, environnèrent la petite Rachel à sa naissance et saluèrent de leurs accents de joie son premier cri. Hélas! cette allégresse tarda peu à disparaître; la distance était immense qui séparait l'existence du juif Félix d'avec celle du juif Rodstchild. Ici tous les avantages de la fortune, les splendeurs du luxe, les superfluités de la richesse prodigieuse, le palais d'une grande reine pour demeure (1), et encore s'y trouvait-on à l'étroit; un ameublement qui réalisait les contes des fées, une foule de domestiques, des tables délicatement servies et une succession de repas, de fêtes, de concerts, de délassements sans nombre. Là, au contraire, tantôt une cave ruisselante, des eaux filtrées au travers les murailles, ou une mansarde ouverte aux quatre vents, glacière en décembre et four-

(1) L'hôtel de S. M. la reine de Hollande, née Hortense de Beauharnais, rue d'Artois.

naise au mois d'août ; des besoins journaliers et jamais satisfaits, à peine le strict nécessaire ; la pauvreté dans les meubles, dans les vêtements, dans une nourriture grossière, malsaine ; là le chagrin, la colère, l'accablement, amenaient ces scènes inévitables partout où chaque désir est une souffrance, où chaque fantaisie contentée est un crime du père envers les enfants, de la femme envers tous les siens.

Là, on vit dans une atmosphère de privations, d'abaissement, de souffrances de toute heure ; là, le malheur en permanence plisse, flétrit le front, creuse les joues, aigrit le caractère et détruit le charme de la voix en éteignant jusqu'au feu du cœur, jusqu'à l'étincelle qui animerait un œil plein de jeunesse, d'énergie.

La vie positive de la petite Rachel la rabaissait sans cesse vers la terre ; et ses rêves de veille l'élevaient malgré elle vers un monde idéal qu'elle devinait, bien qu'elle n'en entendît même point parler. Tout en elle la poussait à cette mélancolie de réflexion, à ce charme d'analyse et d'instinct qui a toujours été l'apanage des âmes supérieures, de ces êtres privilégiés qui, malgré la fortune et tous les liens sociaux, s'échappent de leur prison vulgaire et apparaissent comme autant d'intelligences victorieuses devant cette société qui s'étonne qu'on la domine sans son concours ou sans sa permission.

Parmi les travaux que se partageait la famille Rachel il en était un bien pénible; les femmes en étaient chargées particulièrement; on plaçait le dernier né dans une petite voiture, et les frères ou sœurs, ayant quelques années de plus que lui, le promenaient ainsi dans les rues, sur les quais et les boulevards, chantant des chansons mal retenues; et, la larme à l'œil, l'estomac vide de nourriture, le corps transi de froid, on demandait noblement à la foule qui défilait devant le berceau ambulant, de quoi fournir à des besoins bien légitimes.

Rachel, que l'infortune ne pouvait ni avilir ni déformer, parcequ'elle était de ces privilégiées du destin, de ces nobles de la nature qui portent sur leur front majestueux, dans leur accent digne, dans leurs gestes grâcieux, les titres indélébiles de cette féodalité instituée par la Providence et dont Dieu est le suzerain ; Rachel, dis-je, grandissait sans se flétrir, sans rien perdre de ses charmes prêts à se développer ; déjà sa taille s'élançait et, quoique maigre, plaisait par ses souples balancements ; Rachel marchait ou se reposait avec grâce; aucun de ses mouvements n'étaient brusques ou raides, mais arrondis, moelleux et déjà pleins d'une pudique dignité ; son bel œil enfoncé sous un sourcil arrondi dardait des éclairs en punition d'un outrage, ou s'animait d'un éclat céleste quand la reconnaissance ou le plaisir naïf s'y peignait. Oui, déjà sur sur cette bouche si admirablement coupée, ces lèvres imprégnées de fierté, de dédain, d'ironie, l'observateur aurait reconnu de quelle puissance s'éclairerait un jour cette physionomie mobile où, comme dans un miroir, viennent se peindre tant d'émotions et de sentiments divers.

Ainsi un pas ou lent ou rapide, un geste imprévu, un regard de joie, de peine ou de colère, un sourire de bonheur ou de mépris, l'expression générale de Rachel, immobile ou en action, son silence ou ses paroles, ne la confondaient jamais avec ses sœurs, ses compagnes; et tel qui se serait adressé sans cérémonie à celle-là employait d'autres manières s'il venait à Rachel.

Et pourtant, qui avait enseigné cette contenance grave et simple à la pauvre fille? Qui lui avait appris à se faire respecter? Nul des siens, sans doute. C'était un orgueil ignoré de leur position; mais cette âme grande et noble, cette puissance de supériorité qui devait se montrer un jour, cette chasteté même dont la source inconnue se trouve toujours dans celle que le destin ne veut pas laisser dans l'obscurité, devenaient les instituteurs secrets, les maîtresses mystérieuses qui apprenaient à Rachel les formes, les habitudes, les devoirs d'une autre existence ignorée d'elle et que néanmoins elle entrevoyait.

Elle chantait, et sans que sa volonté s'en mêlât, sans qu'elle songeât à donner à sa voix du mordant et de l'expression, tout cela lui venait, et de telle sorte, que le même air, les mêmes paroles dans sa bouche, ou dans celle des siens, variaient de manière à ne pas les reconnaître.

Un jour elle achète, au prix de quatre épingles, d'un petit garçon leur voisin de demeure, la fameuse complainte du Juif-Errant; elle l'emporte dans la chambre où ses frères, ses sœurs étaient réunis; tous s'emparent de la chanson, en apprennent des lambeaux et les répètent sans que le père et la mère s'en occupent aucunement; mais Rachel, à son tour, la chante, ou plutôt la déclame; peu à peu les enfants, puis la tante, l'aïeul, M. et Mme Félix, arrachés à leur ouvrage, à leurs réflexions, suspendent l'un et les autres, et tous écoutent avec un intérêt croissant un récit qui devient un drame, car Rachel a d'abord raconté le premier couplet qui est une narration, puis elle a décrit le vêtement d'Asshwérus; de là elle passe au dialogue, distinguant par des inflexions diverses chaque acteur;

enfin ce n'est plus une chanson, une complainte insignifiante, mais un drame complet, une tragédie avec son récit, son nœud, sa péripétie et son dénouement. La famille Félix a cru assister à une représentation scénique ; et la preuve c'es que les enfants, à plusieurs reprises, conjurent leur sœur, non de chanter, mais de *jouer* l'histoire du Juif-Errant.

Rachel, chaque fois qu'elle pouvait suspendre ses travaux et lire, déclamait à haute voix soit des scènes de roman, soit des actes de mélodrame ou de vaudeville, que par moments on lui prêtait, et qui, servant à développer en elle l'instinct sublime qui devait la porter si loin, lui procuraient déjà une satisfaction inexprimable.

Un homme d'esprit, et qui en abuse par amour des contrastes, a poussé trop loin le droit du feuilleton quand il a prêté *un cuir* à Mlle Rachel ; jusque-là ce n'eût été qu'une des conséquences d'une éducation imparfaite, et à toute force on aurait pu y ajouter foi ; mais comment croire que l'homme de lettres, au lieu de plaindre cette enfant malheureuse, aurait eu la froide cruauté de lui répondre dans le même style? Non, M. J... J... s'est calomnié lui-même, il a l'âme trop noble, trop généreuse pour outrager, pour humilier l'enfant sublime et candide venant lui exprimer sa reconnaissance d'un article véritable bienfait; et M. J... J... aurait lui-même volontairement craché sur sa bonne action! il aurait voulu descendre au-dessous de la fille mal éduquée qui lui devait tout! C'est, je le répète, impossible; je vais plus loin. Mademoiselle Rachel ne fait pas de cuirs, elle ne peut en faire; cette jeune actrice à laquelle la nature a donné un goût exquis, un tact admirable, et dont M. J... J... nous a cité un exemple charmant (1), doit parler sa langue, sinon avec élé-

(1) Mlle Rachel, l'autre jour, jouait Hermione; Beauvalet qui jouait Oreste, taché du sang de Pyrrhus, lui touche le bras par hasard : si vous aviez vu avec quelle indignation superbe effrayée elle retira son bras?... Qui donc lui a appris *ce dédain pudique?* LA NATURE. (*Journal des débats*, 24 septembre 1838).

Les cinq derniers mots ne font point partie dudit feuilleton, je les ajoute par complément; *suum cuique.*

gance, du moins avec pureté. Eh! mon Dieu, je croirais plutôt Rachel coupable de tout que d'un tort envers les convenances et le bon goût.

Le succès de la complainte du Juif-Errant détermina la famille Félix à chanter et jouer des instruments dans divers cafés, ou au milieu d'un carrefour ; là jamais l'auditoire ne manquait à la chanteuse-actrice, et aux environs de la Porte Saint-Martin les porteurs d'eaux, les commissionnaires, les désœuvrés, les marchands nomades du boulevart ne connaissaient la charmante enfant que sous le sobriquet de *la petite George.* Ainsi, l'instinct grossier de la populace, en désignant notre plus habile tragédienne comme point de comparaison avec la jeune Juive, avait à l'avance marqué la place où elle apparaîtrait et d'où elle s'élancerait si loin et si haut.

Un dimanche d'un mois de janvier, lorsque le ciel était gris, qu'une bise froide et glacée fixait sur la terre une neige épaisse, lorsque sur

les boulevarts comme au jardin des Tuileries
. . .. Le givre en cristaux, en festons lumineux
Se suspendait au front des arbres sans feuillage,

Rachel la pauvre n'ayant pas encore étrenné, engourdie et presque en larmes, chantait tout contre les Bains Chinois.

Choron vint à passer, Choron, le musicien d'église, Choron, dont l'âme élevée avait compris l'art sous son aspect le plus sublime, celui qui en fait l'ornement des fêtes religieuses. Parti de ce point, cet homme rare, ce vrai philanthrope, cet excellent catholique, avait consacré ses soins, ses démarches, et exposé sa fortune à établir un conservatoire de musique religieuse soutenu par les Bourbons de la branche aînée, qui ne reculèrent jamais devant une bonne action, et qui sont sortis du royaume sans emporter d'autres trésors que les bénédictions des malheureux et les regrets de voir finir tant de bonnes œuvres que leur pénurie présente n'a pu continuer.

Choron était sous leur protection spéciale;

il aimait les arts et la religion; comme eux il recherchait les infortunés; combien en a-t-il arraché à la misère !

Le voilà donc sur le boulevart; il entend une harpe, puis un chant si net, si pur, des paroles tellement accentuées, si bien senties, que d'abord il ralentit le pas, puis même il s'arrête ; et lorsque, la représentation finie, la sebille parcourt l'auditoire qui souffle dans ses doigts, Choron, au lieu de donner le sou de l'indifférence, pense que pour lui il y a mieux à faire, et prenant la petite artiste par la main :

— Mon enfant, lui dit-il, quel maître t'a donné cette bonne méthode avec laquelle tu viens de chanter ?

L'enfant, fière de la question, sourit; la rougeur de l'amour-propre de sept ans remplace la pâleur du froid physique sur ce front noble, et avec une moue toute gentille, avec cette ironie sublime qui s'y établira plus tard, répond que personne ne lui a donné des leçons.

— Mais où as-tu pris, réplique Choron que la

vérité ne satisfait point, où as-tu pris ces airs qui ont tant de puissance? je ne les connais pas.

— Où, monsieur? ma foi, partout; quand je vais dans la rue, j'écoute les messieurs et les dames qui chantent, je retiens les airs et les paroles, et puis je les répète à mon tour.

Un grelottement prolongé, l'expression d'une physionomie douce que le froid contracte sans pouvoir l'enlaidir, a touché de pitié l'excellent Choron, de plus en plus attaché au petit prodige.

—Tu as donc bien froid? lui dit-il avec cette voix qui déjà console parcequ'elle inspire de la confiance.

— Oui, j'ai froid... Et puis baissant de ton et jetant d'autres paroles comme à la dérobée, avec cette honte fière d'une âme qui se sent faite pour un meilleur sort..... et j'ai plus faim encore.

Ces mots brisent le cœur du musicien bienfaisant; il ne reculera pas devant cette confidence innocente et si amère à entendre.

— Suis-moi, dit-il, je te donnerai de quoi te vêtir et de quoi manger.

L'enfant déjà heureuse pousse un cri de joie et part sans oublier son instrument. Mais tout-à-coup un sentiment de défiance l'arrête, qui ne provient pas d'une crainte vile ou d'une imagination sitôt salie, mais de cet amour puissant de l'art qui redoute les obstacles qu'on mettra peut-être à sa passion chérie. Rachel, inquiète, demande si on l'empêchera de chanter.

Choron sourit, car il n'a pas l'intention qu'on lui suppose, et il se hâte de répondre :

— Bien au contraire, ma fille ; je t'apprendrai de nouvelles et de meilleures chansons.

Et à cette promesse la future Hermione saute joyeuse et enivrée ; et Choron de plus en plus charmé ajoute :

— Tu aimes donc bien la musique ?

— Oui monsieur, c'est si beau !

— Allons, partons ! tu vas en voir des musiciens et de la musique.

Et l'auditoire, charmé du bonheur qui arrive

à la *petite George,* bat des mains et remercie Choron de sa bonne volonté. Lui et Rachel se tenant par la main s'en vont vers la rue Monsigni, où était établie cette école, d'où Dupré et tant de bons maîtres sont sortis, après y être entrés comme élèves. Choron, instruit du rang, de la religion de Rachel, poursuit le rôle du bon Samaritain ; il n'est pas fanatique ; il appelle les Félix, leur demande l'autorisation de garder leur fille ; ils la lui accordent avec reconnaissance.

La douce, la candide, l'énergique enfant commence une nouvelle vie toute de bonheur et de félicité, en regard de celle qui a fini sur le boulevart glacé. Des soins paternels, une bonne éducation lui sont prodigués ; tout la charme, et mieux encore les leçons de musique qui ne lui manquent pas. De son côté, elle travaille avec une ardeur qui déjà porte son fruit ; sa voix se développe, le goût lui donne plus de verdeur et d'expression. Choron, enchanté des progrès et des qualités précieuses de son écolière, disait en pleine classe et à ses amis :

— Prenez patience, laissez-moi faire, et ma pauvre Juive me fera honneur un jour.

Il n'en doutait pas, il voyait un bel avenir pour son écolière chérie, mais le sien était marqué. La mort allait le frapper ; et de nouvelles épreuves étaient réservées à l'enfant ; il fallait que cette âme, qui un jour aurait à exprimer tant de passions, eût elle-même souffert une partie de ce qu'elle peindrait.

Choron décéda ; le gouvernement ne prit pas en pitié son école, œuvre de bienfaisance ; il fallut la fermer et renvoyer les élèves, n'importe leur sexe. Rachel, en versant d'abondantes larmes ; Rachel, qui avait déposé sur le cercueil de son bienfaiteur une mèche de ses cheveux comme un témoignagne d'éternel souvenir qu'il devait emporter dans la tombe, Rachel dut rentrer chez ses parents ; quel intérieur ! quelle spectacle !

Elle venait de quitter le paradis terrestre et elle se retrouvait dans toutes les angoisses de son enfance ; et maintenant ce n'était plus une petite niaise, mais une fille dans le charme de son adolescence. Ses traits s'étaient développés ; sa physionomie pâle, mais belle d'expression, se présentait séduisante ; ses yeux exprimaient plus que les affections naïves de l'enfance ; sa taille gracieuse, semblable à un jeune peuplier, se ployait à tous les mouvements commandés par une imagination fière mais ardente.

Rachel qui, en étudiant la musique, avait acquis un certain degré d'instruction, était aussi incapable de faire des *cuirs* et de mal parler, qu'elle l'aurait été de reprendre sa vie ambulante, sa harpe, et d'aller stationner sur les théâtres de sa gloire enfantine. Cependant que fera-t-elle ? Les travaux de la couture lui déplaisent, la vie dissipée des élèves en mode révolte sa fierté, elle aurait encore moins voulu se placer dans une maison comme femme de chambre.

Que faire ? que devenir ?... Un volume de Racine décida de sa carrière et la jeta dans la route où la fortune et le génie devaient la rejoindre. Un jour de mauvais temps, ne pouvant sortir avec sa famille ainsi qu'on l'avait projeté, Rachel s'en va demander à l'un de leurs voisins s'il n'aurait pas un livre à lui prêter ; le *marchand d'habits vieux galons* lui remet un premier volume de Racine, de l'édition in-18 de Proult, (1760), en lui disant que ces *bêtises ne l'amuseront guère,* mais qu'il y a là une histoire fort intéressante d'un chien condamné à être pendu (le chien des plaideurs).

Rachel prend le volume; et la destinée l'amène à choisir Andromaque ; elle lit la première scène, le premier acte, admire d'instinct une si belle poésie ; mais son cœur ne parle pas encore..... Elle passe au second acte et Hermione lui apparaît; Hermione, la fière princesse, la jeune fille aimant pour la première fois, et si cruellement trahie ; Hermione, le plus beau des rôles parcequ'il est le plus varié ; Hermione, que voudront jouer toutes les débutantes et qui sera l'éternel écueil du grand monde.

Rachel, encore ignorante du théâtre, des effets que l'on y produit avec le secours du costume, du fard, des lumières, des décorations, de la pompe scénique; Rachel, néanmoins, sentit qu'un nouvel ordre de choses naissait en elle; Hermione ouvrait son entendement, agrandissait son âme; et malgré elle, ou plutôt sans y faire attention, elle cessait de lire à voix basse et elle déclamait, ou mieux débitait à haute voix tous les couplets divins que Racine a mis dans la bouche de la fille d'Hélène.

Arrivée au dernier vers de ce rôle si étrange, elle n'alla pas plus loin; à ce moment là elle s'arrêta, baissa la tête, réfléchit et demeura quelques minutes occupée délicieusement à la contemplation du nouveau monde qu'elle découvrait. Quant elle releva son front, ses yeux étaient remplis de larmes, mais son visage brûlait rouge d'un feu interne que Racine venait d'allumer dans cette âme sublime et passionnée; en quittant son siége, Rachel parut avoir grandi instantanément. Tout en elle croissait à la fois; sa démarche naturellement digne et gracieuse était plus noble, plus majestueuse, sa voix tremblante n'en était pas moins sonore.

« Ma mère, dit-elle à Mme Félix, je sais la carrière que je dois suivre; je jouerai la tragédie... oui je serai comédienne; *cela n'est pas aussi difficile qu'on le croit.* »

Alors le nom d'un ancien acteur de la Comédie française vint se fixer à sa mémoire. Elle avait entendu parler chez Choron de M. M...., homme d'esprit et d'un talent incontestable, qui, depuis qu'il a pris sa retraite, a fondé et dirigé une école de déclamation; ce fut à lui que d'abord elle s'adressa; il ne la repoussa point et successivement lui fit répéter *Hermione*, *Emilie*, *Aménaïde*, *Camille*, etc.

Les succès de Rachel étaient incontestables; à chaque séance ils prenaient un nouveau développement; les conseils du professeur habile s'adressaient à une écolière intelligente, à un esprit vif et éclairé par ces inspirations qui tombent du flambeau du génie; et la carrière de Rachel aurait été plus vite fournie si elle n'eût pas renoncé aux avis et au modèle qui la dirigeaient si bien. Qui brouilla ensemble M. M..... et Mlle Félix? Pourquoi la jeune fille s'éloignat-elle d'un maître dont le mérite était certain et l'expérience incontestable? Ce sont des questions ardues, obscures encore, bien toutefois que la médisance ait voulu nous l'apprendre; et voici ce qu'un auteur, peut-être bien instruit, a raconté dans une notice remarquable par la grâce du style et la rapidité de la narration.

« La passion de Rachel c'était le théâtre ; elle
« se rendit donc chez M. M..... et le pria de lui
« donner des leçons; celui-ci l'accueillit avec
« bonté et lui fit apprendre quelques rôles,
« mais bientôt le professeur se change en
« amoureux; et un beau matin l'élève, au lieu
« de leçon de comédie, reçoit une déclaration
« d'amour; ce n'était point là ce que Rachel
« était venu chercher, et d'ailleurs elle était si

« jeune encore et lui déjà si vieux ! elle repoussa
« la proposition qui lui était faite et s'en alla, les
« larmes aux yeux, mais toujours pleine de
« cœur et de courage, implorer un maître moins
« amoureux. »

Quoi qu'il en soit de cette assertion de
M. Edouard Pagnère, il est certain que l'école
de déclamation de M. M.... cessa spontanément
d'être suivie par Rachel; et cette jeune fille se
présenta devant un nouveau maître doué d'un
talent réel, M. Saint-Aulaire. Cet acteur compte
parmi ceux dont la vie privée honore l'existence publique ; aussi possède-t-il l'estime générale, et les parents ne peuvent-ils mieux faire
que de lui confier les jeunes sujets dont les
études sont dirigées vers la carrière théâtrale.

M. Saint-Aulaire justifia le choix de Mlle Félix,
et il fut pour elle un second Choron dans toute
l'étendue du terme. Ici encore Rachel respira
et put croire à un avenir. Ce professeur faisait
jouer ses élèves sur le théâtre Molière ; là, notre
idole y débuta et, dès son apparition, éclipsa

toutes ses rivales, dont une ou deux lui tenaient de près par les liens du sang.

C'est donc à M. Saint-Aulaire que Rachel doit son avenir, car c'est lui qui, par des soins assidus, des avis sages, par l'exemple et le rapport des traditions, a régularisé le talent réel, mais informe, de celle qui devait un jour apparaître avec tant d'éclat sur la scène française. Les amateurs, en petit nombre, admis aux représentations de la salle Molière, devinaient déjà l'avenir de la jeune actrice ; et tous engageaient son professeur à la lancer sur un théâtre plus vaste.

D'abord on la fit jouer à l'hôtel Castellane, maison ouverte aux beaux-arts et à la bonne compagnie, dernier temple où se rassemblent encore les modèles précieux, et en si petit nombre, de l'urbanité, de la galanterie, de la politesse exquise, si communs autrefois parmi nous. Là, seulement, les acteurs assez heureux pour être invités peuvent saisir quelques nuances de ces grâces nobles, de ce maintien aisé, de ces manières simples et dignes qui rendirent si parfaits les Fleury, les Molé, les Grandval, les Dufrêne ; là viennent les *reines* de ce faubourg Saint-Germain que Napoléon qualifia de royaume ; ces grandes dames, type du ton parfait que l'on ne trouve certes pas dans les sommités des illustrations modernes ; elles, à la fois si simples et si imposantes ; elles, qui embellissent leurs parures et qui n'ont pas à dire, comme nos banquières ou marchandes en gros lorsque le soir elles se dépouillent de leur *toilette* (1) :

Ah ! mon habit, que je vous remercie,
Que j'ai valu grâce à votre valeur !

(1) A une époque où le mélange des classes a tout brouillé, il est naturel que les mots aient été détournés de leur acception naturelle. Autrefois le mot *toilette* signifiait d'une part l'action de s'habiller, et de l'autre l'ensemble des objets servant à s'habiller. Ainsi on disait *faire la toilette* — *Apportez la toilette de madame ;* cet ordre englobait la table, le miroir, les pots à rouge, à pommades, le couteau, le soufflet à poudrer, les poudres, les essences, etc. Maintenant la mauvaise compagnie, pour exprimer qu'une femme est bien parée, dit *qu'elle porte une toilette superbe.* — *Oh ! la belle toilette que vous avez aujourd'hui !* au lieu de dire : *Vous êtes vêtue avec un goût exquis et n'avez pas perdu le temps*

Pourquoi les solennités de l'hôtel de Castellane ne sont-elles pas plus multipliées? Pourquoi ne peut-on pas y appeler par députation cette jeunesse si mal éduquée, si aigre, si maussade, si rogue, si superbe; elle qui depuis qu'elle règne n'a prouvé que son impuissance. Là, elle apprendrait à s'habiller, à écouter, à parler et surtout à se taire; là elle reconnaîtrait que les belles manières et le grand monde ne s'apprennent ni aux boulevards ni aux estaminets.

Rachel, dont le silence est une observation perpétuelle, gagna plus dans ses séances rapides et bornées à l'hôtel Castellane, que dans toutes les écoles de déclamation; elle regarda, comprit et s'appropria. Aussi quelle est sa tenue en scène! qui peut voir en elle autre femme que des princesses grecques, des nobles romaines, que des dames féodales? Rien ne rappelle l'origine de la petite fille, la gente grisette, la mo-

---

à votre toilette. On disait encore : *Madame de Brienne reçoit ses amis à sa toilette.* Il était donné à notre siècle de prendre l'action de faire pour la chose portée.

diste agaçante ; non non, son port, sa démarche, son geste, ses airs de tête, ses mouvements, son regard, tout est pudique, modeste, candide, pur, relevé. Dès qu'elle entre en scène, on parierait qu'elle a toujours vécu à la cour, dans les plus hauts rangs, tant on la voit à sa place, tant elle a de l'aisance, tant son front semble accoutumé à ceindre le diadème.

Saint-Aulaire, fier de son élève, la produisit au Conservatoire. Ici, encore, je crois devoir laisser parler M. Edouard Pagnère, tant son récit me semble piquant et propre à démontrer combien ces Conservatoires sont inutiles puisque l'on en repousse quiconque ne suit pas aveuglément la routine, seule professée en ce lieu :

« Saint-Aulaire produisit donc son élève de-
« vant le classique aréopage du Conservatoire ;
« Rachel récita plusieurs tirades ; on jugea que
« cette petite fille ne scandait pas mal les vers ;
« qu'elle pourrait un jour jouer les confidentes,
« *si le goût lui venait et surtout le soupçon des con-*
« *venances dramatiques.* Ces messieurs trouvaient

« qu'elle *abîmait* la tragédie en récitant les vers
« avec tant de hardiesse et de liberté. Il fut donc
« décidé, à l'unanimité et séance tenante, que
« Rachel jouerait le rôle de *Flipotte* dans *Tartuffe*
« que les élèves du Conservatoire devaient re-
« présenter..... La malheureuse enfant se déso-
« lait; jouer Flipotte! elle qui rêvait les rôles de
« Chimène et d'Emilie; elle, recevoir le soufflet
« de Mme Pernelle; elle qui souhaitait être
« l'amante de Rodrigue, de Cinna et de tous les
« héros de la tragédie classique! Le rouge lui
« monta au visage; et toute honteuse, toute
« désespérée, elle se mit à pleurer.

« Heureusement pour elle qu'il s'était trouvé
« là un spectateur désintéressé, homme de plus
« de goût qu'on ne pense, et, puisqu'il faut le
« nommer, Monval, régisseur du théâtre du
« Gymnase. Monval avait remarqué qu'il y avait
« quelque talent chez cette jeune enfant, et
« qu'elle était à la hauteur d'autres rôles que
« ceux de Flipotte. Comme il était chargé par
« son directeur, M. Poirson, de recruter des

« sujets à bon marché, il vit son affaire dans
« M⁽ˡˡᵉ⁾ Rachel et lui offrit un engagement de
« trois ans au taux de quelques écus; elle accepta
« de grand cœur les propositions que lui fit
« M. Monval; elle aurait voulu mieux que des
« rôles de vaudeville, mais, avant tout, son désir
« c'était un théâtre et un public, et elle signa au
« plus vite son engagement. »

Certes c'était tomber de haut, et la noble fille se rappelait avec d'amères larmes qu'un soir, à l'hôtel Castellane, une grande dame, une duchesse, s'approchant d'elle, lui avait dit : *Quand ou joue comme vous on est appelé à régénérer la scène française.* Hélas! ce pronostic de M⁽ᵐᵉ⁾ d'Abrantès, de cette femme si aimable et si malheureuse, n'était pas prêt à se vérifier; Rachel tournait le dos à la rue Richelieu et prenait la route du boulevard.

Elle débuta donc au Gymnase, et voici de quelle manière on la jugeait dans la *Biographie des artistes de Paris,* vol. in-36, dans l'édition de 1837.

« Mlle Rachel Félix. Cette actrice a paru
« pour la première fois au théâtre, le 24 avril
« 1837, dans la comédie-vaudeville en deux
« actes, de M. Dufort, intitulée *la Vendéenne*.
« Voici ce qu'a dit de ce talent, que le Gymnase
« élève à la brochette, un homme d'esprit dont
« le jugement ne peut être suspect :

« Mlle Rachel est une toute jeune per-
« sonne qui annonce une des plus belles or-
« nisations dramatiques que nous ayons vues ; sa
« voix est grave et pénétrante ; et dans les mo-
« ments passionnés la gravité des sons s'amol-
« lit et se perd dans les larmes. Le succès de
« Mlle Rachel Félix a été, s'il est possible, plus
« grand que celui de *la Vendéenne* qui avait été
« disposée de manière à faire ressortir le talent
« précoce de la débutante. On l'a redemandée
« et applaudie à plusieurs reprises. Le théâtre du
« Gymnase va renouveler avec cette jeune co-
« médienne les beaux jours de Mlle Léontine Fay.
« La continuation des débuts de Mlle Rachel n'a
« pas cessé un instant d'être heureuse, et plus

« que jamais on peut croire à la réalisation du
« brillant horoscope que chacun a tiré d'elle ; les
« bonnes pièces font la réputation des actrices, les
« bonnes actrices font la réputation des pièces. »

Ainsi, déjà dans ce théâtre infime on prévoyait l'espace que la débutante franchirait. Les amateurs qui fréquentent le Gymnase félicitaient le directeur, M. Poirson, de l'heureuse fortune qui lui avait adressé cet ange, ce modèle charmant de modestie, de grâce et de force qui certainement, disaient-ils, devait ramener la foule inconstante et oublieuse.

Mais M. Poirson, que peut-être certain parti a condamné trop vite, ayant compris la portée de son actrice, sentit du regret de la borner dans son avenir. Aussi, loin, par un calcul d'égoïste, de se la réserver uniquement, il pensa en honnête homme et agit en bon citoyen.

« Ma chère fille, dit-il à Mlle Félix un matin qu'il l'avait mandée dans son cabinet, je suis fier de vous avoir fait connaître ; tout me porte à croire que mon théâtre vous aurait dû de belles soirées, et cependant je ne puis me résoudre à circonscrire votre talent, à le réduire par violence, pour ainsi dire, aux strictes proportions de ma scène ; une plus vaste vous réclame ; préparez votre avenir : la tragédie est morte à la Comédie française ; allez lui donner une nouvelle vie !

— Quoi ! monsieur, vous me congédiez, répondit la jeune fille incertaine entre la perspective qui lui était montrée et la crainte de perdre une position certaine.

— Non certes, je ne vous congédie point, mais je veux vous mettre à votre place naturelle. Vous êtes à moi pendant trois ans ; eh bien ! je romps un engagement trop à votre désavantage ; et néanmoins je continuerai à payer vos appointements jusqu'à l'époque où vous débuterez aux Français. Quant à votre admission à l'essai sur ce théâtre, c'est moi encore qui saurai l'obtenir pour vous. »

Rachel, heureuse dans son incertitude, remercia par des larmes éloquentes l'estimable directeur qui, loin, comme tant de gens, de s'en tenir aux promesses, se hâta d'accomplir ce qu'il avait fait espérer.

M. Poirson conduisit la jeune actrice auprès de M. Samson, acteur comique au théâtre national et professeur d'art dramatique au Conservatoire.

M. Samson, comme acteur, comme auteur, comme simple citoyen, s'est assuré une place supérieure; sur le théâtre il plaît, il séduit, il entraîne par un jeu simple, naturel, varié; il ne joue pas, il est chez lui, il est le personnage qu'il représente. Quel oncle parfait dans *la Belle-mère!* quel original exquis dans *les Deux Anglais!* quelle réserve spirituelle dans *Bertrand et Raton!* quelle imbécilité innée dans *la Camaraderie!* Toujours nouveau sans cesser d'être lui, il enlève les applaudissements. Qu'il parle ou se taise, qu'il agisse ou se tienne immobile, ses gestes, son silence, ne sont pas moins dignes d'éloges que la finesse, l'aplomb et le mordant de son débit.

Auteur, il peint le monde qu'il a observé et ses œuvres dramatiques sont riches du fruit de ses réflexions ; sa poésie est coulante, naturelle, et elle ne manque pas d'élégance ; il suit la bonne route. Nourri des bons modèles, il ne veut d'autres succès que ceux qu'il peut recueillir sur leurs traces et sans trop avoir tort il s'est figuré que l'on s'égare rarement lorsqu'on prend pour guides constants Corneille, Racine et Molière.

Une réputation intacte de bonnes mœurs, une âme où le malheur trouve un écho toujours prêt à lui répondre, des actions qui honorent, une estime universelle qui en est la récompense, les vertus de l'intérieur et de la famille assurent à M. Samson une dernière célébrité ; et ce n'est non pas la moins préférable.

Il avait d'abord mal jugé Rachel une première fois, mais, en sa qualité d'homme d'esprit et d'honnête homme, lorsqu'il l'eut entendue une seconde fois, il ne s'opiniâtra pas à vouloir rester dans son erreur. Il la mit avec une grâce exquise sur le compte de la distraction, à laquelle nous sommes tous sujets; et quand Rachel, électrisée par la noble conduite de M. le directeur du Gymnase et par l'accueil bienveillant de l'acteur-auteur et professeur, eut déclamé les couplets qui lui plaisaient le mieux, M. Samson, avec cet à-propos dont la délicatesse est sans prix et avec cette condamnation de soi-même dont un cœur supérieur est seul capable, M. Samson, en embrassant la néophite, lui dit :

« Mon enfant, non, vous ne débuterez point par Flipotte, mais bien par Hermione, et je vous assure que le public ne vous admirera pas moins que moi; nous allons commencer à travailler ensemble; je veux vous initier aux mystères de la belle langue dont vous ferez tant briller les chefs-d'œuvre.

Dès ce moment le sort de la jeune fille fut assuré. Certaine de son avenir, car il ne dépendait que d'elle, ses journées furent employées à l'étude, contre l'usage voulu qui exige de l'intrigue dans tout ce qui doit être obtenu d'autrui.

Presque à la même époque, par une rencontre bizarre, des débutantes nombreuses assiégeaient le Théâtre-Français. On s'y retrouvait à la cour de Perse ; le public se posait en Assuérus ; et les actrices novices, humbles aspirantes, briguaient l'adoption du grand roi ; l'une pour obtenir ses suffrages soldait l'enthousiasme de la claque ; l'autre, grâce à ses charmes, s'assurait de l'estime des sociétaires ; celle-ci se confiait en sa beauté ; celle-là prétendait tout vaincre par son débit, par son talent ; la cinquième, forte de ses hurlements, de ses contorsions, de sa trivialité, de ses cris d'énergie, s'essayait à se précipiter du haut d'un escalier, à tomber à plat ventre sur les planches, à trembler de tous ses membres, à s'écheveler, en un mot à se faire romantique.

Rachel seule, comme une seconde Esther, soutenue des conseils de Mardochée Saint-Aulaire, tandis qu'Aman M... cabalait, en souvenir de son amour dédaigné, Rachel passait les jours et les nuits, consacrait de longues heures à lire, relire, réfléchir, méditer les chefs-d'œuvre dont elle avait à cœur de relever la gloire ; indifférente à tout secours étranger, dédaignant les hommes du lustre, reculant devant tout sociétaire par trop empressé, ne donnant même que peu d'attention à ses costumes modestes comme elle, elle attendait la victoire de ses seuls efforts.

Aussi, loin d'inquiéter ses rivales, à peine s^i celles-ci connaissaient son nom, ou si, venant à la nommer, on ne disait pas dédaigneusement : *Deux soirées nous désencombreront de Flipotte* (1).

Enfin parut le jour fameux. Ce fut le 7 du mois d'août 1838 que l'affiche de la Comédie française annonça *Andromaque* pour les débuts de Rachel. On était si bien accoutumé au passage de ces étoiles filantes nommées débutantes, si lassé de ce chant de complainte, lent, sourd et monotone, de ces gestes, tout faits, apportés du Conservatoire et que les débutants se transmettent

---

(1.) J'ai entendu sortir ce propos de la bouche d'une actrice nouvelle dont il n'a fallu qu'un soir pour *désencombrer* Mlle Rachel, bien que celle-là ne cesse de jouer.

l'un à l'autre comme les laquais de bonne maison se passent la même livrée ; que la foule manqua à cette solennité. D'ailleurs une tragédie *rococo* et des acteurs *perruques* ce n'était guère attrayant.

Enfin le premier acte finit avec l'accompagnement ordinaire de cris et de bâillements de chacun ; *connus, connus*, répète-t-on à l'ordinaire ; car depuis quarante ans, à part Talma, c'est ce qu'on a l'habitude de voir... La débutante, sans doute, continuera le même entrain ; elle sort du Conservatoire dont les autres sont venues ; et Assuérus (le parterre), en regardant la couronne, bâille et dit : *Selon toute apparence je ne me marierai pas ce soir, car pour prendre un autre Wasty* (Mmes A... B... C... D... E... F... G... etc.) *vaut mieux, réflexion faite, rester veuf.*

Le second acte commence ; Rachel-Esther-Hermione entre... et déjà on s'entre-regarde... Qu'est-ce ?..... comment marche-t-elle ?..... En jeune fille, en jeune princesse ?... Quoi ! ses pas sont rapides, irréguliers, tels que le mouvement machinal du corps les forme lorsque l'âme rêve à autre chose qu'aux spectateurs, que de l'Epire on ne doit pas voir.

La fille d'Hélène peint à sa confidente son amour, sa jalousie, sa colère, sa douleur; et tous ces sentiments sont exprimés sans bruit, sans faste, sans exagération, sans que les bras imitent les aîles d'un moulin à vent... Quoi! l'on ne perd pas une parole, et la rime disparait sous la rapidité du débit?... Quoi! la cloche monotone ne tinte pas régulièrement à la fin de chaque onze ou douze pieds?... Ni mouvements forcés, ni intonation de cantique?... Quoi! l'œil parle comme la bouche? Les lèvres fonctionnent à part de la voix?... Quoi! de la simplicité avec de la noblesse? la pudeur d'une vierge qui se mêle à la véhémence d'une amante? Où a-t-on trouvé cette grande dame qui daigne montrer enfin aux actrices comment on représente celles qui habitent les palais? car, certes, celle-là vient de quelques Tuileries d'autre fois. Tout le prouve: cette majesté gracieuse; cette passion contenue par l'habitude de se vaincre; cette sobriété de geste; cet éloignement de tout cri par trop élevé, et surtout cette absence complète de la manière, de la convention, de la prétention, du cachet du maître, de l'école et du temps.

Oreste paraît; il parle, on lui répond et les connaisseurs, toujours sous l'empire de la même illusion, disent à leurs jeunes voisins : *Cette dame* montre à *ces demoiselles* comment une fille de roi cache sous l'apparence du dédain la blessure dont son cœur saigne; Oreste est prince aussi; et pourtant comme elle garde la supériorité du sexe! elle a beau faire celle là, malgré son envie d'être toute Grecque, il lui échappe de ces éclairs de grand ton, de ces signes, qui prouvent incontestablement qu'hier elle prit le tabouret ou le fit donner devant elle, car voilà comme une dame de cour parle à un homme, comme elle l'écoute.

Et à la sublime scène du quatrième acte (il y en a deux, je parle de la première), quand l'outrage est consommé, quand il est certain que Pyrrhus épouse Andromaque (1), lorsque Hermione commence à avoir soif du sang de ce parjure, eh! bien, encore au milieu de cette demande d'hyène, quelle réserve, quelle délicatesse! quel parfum d'ogresse de grand ton! comme il est facile de reconnaître qu'hier elle portait le panier avec la robe à queue, les engageantes aux manches et les barbes à la coiffe!

— Une actrice, messieurs, une actrice de l'époque, poursuit l'amateur, elle n'a pas de ces souvenirs; elle est franchement jalouse, et, puisqu'elle veut la tête du volage, elle la demande sans façon, avec rage, en tordant les bras, en avançant la tête, en hurlant, car le naturel est là d'abord. Ici, au contraire, le crime est paré, enjolivé à la cour; jamais on n'élève la voix,

(1) Comme il faut admirer en tout l'intelligence prodigieuse de Mlle Rachel, je signalerai son tact, sa dignité froide, sa joie maligne, son impatience quand elle se voit distraite du bonheur d'être aimée de Pyrrhus par la douleur de sa rivale dans la seule e^t courte scène où elles se trouvent ensemble, et que Racine, avec son art divin, a évité de faire plus longue, ce qui n'aurait pu avoir lieu qu'aux dépens de l'une ou de l'autre héroïne.

jamais on ne se contorsionne, car à la cour jamais on n'est entièrement seul ou seule; il y a donc de la retenue, de la compression dans la plus vive torture du cœur; le diable n'y gagne rien, mais l'urbanité y gagne ; c'est avec grâce qu'on ordonne un crime, c'est avec des manières exquises qu'on présente une coupe empoisonnée.

— Monsieur, dit le jeune homme, que concluez-vous de ceci?

— Que cette Hermione, aujourd'hui actrice, n'a pu dépouiller *le vieil homme*, et parconséquent que vous et moi jouissons pour la première fois de voir jouer le rôle d'une princesse de théâtre par une princesse réelle, ou à peu près, faveur qui nous transporte dans un palais véritable au lieu de nous laisser à la comédie française, car, monsieur, apprenez que les passions sont exprimées par des nuances diverses, selon les castes que l'on met en scène, et que toutes les fois qu'un auteur, un acteur, une actrice ne remarqueront pas ces variétés réelles dans leurs livres ou dans leur jeu, vous pourrez dire hardiment: Le premier n'a pas vu le grand monde, et les autres ne le peignent point ; or, je me demande comment cette Hermione serait si parfaite, si bien calquée sur une fille de roi, si elle-même n'était pas née dans la pourpre; donc concluez.....

Voici Pyrrhus, voici les écrasantes ironies de la vierge, que son amour furieux a rendue femme ; quelle actrice, depuis celles que j'ai vues (Mlle Maillard exceptée), a su s'élever dans ces couplets difficiles à la sublimité de Rachel ? Qui, elle à part, a eu le triple secours de ces yeux foudroyants, de cette voix mordante, de cette langue dentelée, qui lime les mots, afin que chacun pique en cent endroits le cœur de Pyrrhus ; enfin, de cette bouche si admirablement coupée pour donner à l'ironie la force et la vélocité de la foudre, et tout cela sans que le pied frappe la terre, sans que les bras nous fatiguent de leur jeu continuel, sans que le corps perde de sa grâce, et la physionomie de sa noblesse et de sa beauté. Certes, si je n'étais persuadé que Mlle Rachel est toute nature, je soutiendrais que la façon dont elle joue cette scène, d'ailleurs si admirable par le style et la force, est le comble de l'art; qu'avant elle, ni Champmeslé, ni Desmare, ni Lecouvreur, ni Dumesnil, ni Clairon n'ont pu aller plus loin, et qu'après elle il est à craindre que l'on y aille moins encore.

Le cinquième acte a été rendu avec une égale puissance, avec cette supériorité qui, dès cette première représentation, a mis Rachel à la tête de la Comédie française. Un tonnerre d'applaudissements a proclamé le triomphe de cette merveille; et Assuérus, tandis que les connaisseurs s'entredemandent quelle est donc la femme de qualité qui vient de donner une si grande leçon aux dames de la Comédie française, Assuérus, ou messire le parterre :

Enfin avec des yeux où règne la douceur,
Soyez reine, dit-il, et dès ce moment même,
Sur le front de Rachel pose son diadème.

Cette représentation, celles qui l'ont suivie, et où la débutante joue avec ce goût exquis, cet instinct si parfait des convenances, cette fierté modeste, cette pudeur chaleureuse, ont déterminé une révolution, d'autant plus complète, que, semblable à la révolution toute politique de 1789, tout le monde à peu près la voulait.

Nous étions las du romantique, de ces changements de décorations qui refroidissent l'intérêt d'acte en acte; où l'art du peintre, du machiniste, du serrurier, devient partie intégrante de celui du poète, bien pauvre sans doute, dès qu'il lui faut recourir à de pareils moyens; de cette multiplicité de personnages qui encombrent la scène, sans la remplir; de ces actions doubles, triples, qui, par leur nombre, rendent plus patent encore le peu de génie de l'auteur; de ce clinquant d'étoffes, d'armures, de meubles plus propres à fixer l'attention sur la multitude des comparses que sur les acteurs principaux; de ces scènes hideuses de débauche, de crimes; de ces adultères, incestes, vengeances, actions dégoûtantes, déshonnêtes; de ces mauvaises mœurs étalées avec une audace odieuse qui révolte les cœurs chastes et bannit nos femmes et nos filles du théâtre de la nation; de ces salmigondis, de ces réchauffés pris ou pillés partout; de ce style en toutes langues possibles, hors en la nôtre; de ces succès conquis à l'aide d'amis recrutés dans les lupanars, les estaminets, les bouges infects de la Cité, des boulevarts, ou des rues du Pélican, Jannisson, Traversière, Froid-Manteau, du Chantre, de la Bibliothèque, etc., au moyen de la cession de la salle à l'auteur pendant douze représentations, et où parconséquent les applaudissements sans valeur deviennent des actes d'oppression et de tyrannie; au secours des journaux vendus à la camaraderie, portant aux nues l'auteur et l'ouvrage, lorsque l'ouvrage et l'auteur, dès que le champ de bataille s'ouvre libre au bon goût, tombent dans le champ de repos éternel.

A la place de ces pièces sans mérite, sans habileté, sans plan de conduite, sans peinture réelle des passions du cœur, Rachel a fait apparaître les miracles de l'art, ces chefs-d'œuvres qui, depuis plus d'un siècle et demi, restent l'objet de l'admiration de la France et de l'Europe. La génération nouvelle, pervertie par les renards à queue coupée de la littérature moderne, ouvre de grands yeux et prête une attention soutenue à ces vieilles nouveautés si franches, si fermes, si simples, si grandes, si sublimes dans leur contexture, leur plan, leurs détails, leur marche, leurs péripéties si bien entendues, leurs actions développées avec tant d'art, avec tant de magie, les caractères dessinés de main de maître, et toujours soutenus; les intrigues claires, les nœuds bien serrés et pourtant dénoués sans effort; un style lumineux, élégant, hardi, plein de vigueur, d'énergie, de grâce; des sentiments nobles, tendres, et toujours portant à la vertu; un dédain du luxe extérieur poussé jusqu'à l'orgueil, l'indifférence la plus absolue en tout ce qui concerne l'illusion des yeux; le mépris de cette charlatanerie qui, à défaut de la pièce, en rapporte le succès à des toiles peintes, à des machines toutes en dehors de l'art.

Andromaque, Iphigénie en Aulide, Cinna, Horace, Tancrède, Mithridate, sans décorations, sans pompe, sans cortège, sans illuminations, sans litières, sans lits de pourpre, sans vases d'or, sans candelabres, sans chevaux, etc., ont charmé par leur propre mérite, par cette puissance du génie; et de tous côtés un cri s'est fait entendre : LES DIEUX SONT REVENUS, et *enfoncés le romantisme et les romantiques!*

Du reste, à chaque représentation, nos chefs-d'œuvres, mieux appréciés, grandissent dans l'esprit des spectateurs. De soir en soir la foule augmente, la salle ne peut plus suffire aux amateurs stupéfaits; cette jeunesse surprise de tant de sublimités, se convertit par centaines, le lendemain, surtout, des feuilletons colériques et si comiques de M. Granier de Cassagnac.

Les journaux à leur tour citent la débutante à ces tribunaux que le public ne regarde plus comme infaillibles, et dont il casse les arrêts en dernier ressort. La majorité des critiques hebdomadaires ne s'insurge pas contre la volonté du souverain ; le journal des Débats, le premier, ouvre la campagne. Je me plais à rendre justice au talent réel dont M. Jules Janin étaie le mérite de la débutante, et, sauf le petit conte que la vieille galanterie française blâme, tout le reste est à louer. L'auteur y soutient les saines doctrines avec autant d'esprit que de goût, il rend pleine justice à la débutante qui lui doit de la reconnaissance, comme aussi elle en doit à la plupart des confrères de M. Jules Janin.

Dans des temps antérieurs, la cour, plus riche sans doute, eût comblé notre jeune phénix. Marie-Antoinette lui eût envoyé deux ou trois costumes magnifiques ; Mme Adélaïde (la fille de Louis XV) eût joint une parure de pierreries au cadeau royal. L'impératrice Joséphine lui aurait fait tenir par un chambellan un diadème magnifique, la reine Hortense un cachemire; et certainement Napoléon n'eût pas manqué d'expédier un page porteur d'une gratification de cinq cents louis et d'une pension au moins de six mille francs.

Mlle Rachel n'a eu qu'une seule fois le plaisir de paraître devant le roi des Français; c'était, ce me semble, *Emilie* dans *Cinna* que ce soir-là elle jouait. La représentation finie, l'excellente Mme Tousez, aussi bonne amie qu'actrice de mérite, amena sur le passage du roi des Français notre tragédienne; le roi des Français, prenant dans ses mains les mains tremblantes de Mlle Rachel, l'assura qu'*il la voyait toujours avec un nouveau plaisir* et qu'elle jouait à merveille. Elle, toute confuse de tant de grâce et de bonté, appela, dans son remerciement, du nom de *monsieur* le roi des Français. Plus tard, Mme Tousez lui reprochant son inadvertance, la charmante actrice, qui a autant d'esprit que de beauté et de génie, répondit en riant *que n'étant accoutumée qu'à parler aux rois de Rome et de Grèce, elle ignorait la formule en usage envers les rois du jour.*

Le lendemain, Mlle Rachel reçut un billet de mille francs que lui porta un valet de pied de la couronne, acte de munificence du roi des Français, et d'autant plus flatteur que c'est le premier don accordé à un acteur ou à une actrice depuis l'avénement de Louis-Philippe Ier.

Les débuts de Mlle Rachel ouvrent une nouvelle existence à la Comédie française; cette actrice y consommera la révolution. Quelle évite surtout le piége qu'on ne manquera pas de lui tendre, et qui la ferait prendre au trébuchet, le le piège de quelque tragédie romantique. Le romantisme a son théâtre; qu'il l'exploite, qu'il y règne, et que la scène française apppartienne uniquement, soit à l'ancien répertoire, soit aux pièces écrites selon les règles de Boileau le grand législateur. Si Mlle Rachel s'écarte de la ligne, elle est perdue, car il lui faudra non-seulement abjurer; mais voix, geste, port, mouvement, tout ce qu'elle possède de mieux sera dès-lors pitoyable; et flétrie, profanée elle rentrera dans le commun des martyrs. Si au contraire elle persiste dans la voie tracée, la première place lui est assurée et son règne sera glorieux... Qu'elle choisisse!

CHAPITRE DERNIER.

Justice rendue à qui la mérite.

J'ai montré dans les chapitres précédents les causes de la décadence du genre tragique à la Comédie française et pourquoi cette portion sublime de notre littérature n'apparaissait plus sur le théâtre national ; la mode la proscrivait et les efforts des romantiques étaient parvenus à écarter de notre scène les actrices indispensables à la représentation de nos chefs-d'œuvre. L'absence de ces prêtresses de Melpomène (style classique et d'à-propos) paralysait le zèle, le talent, l'intelligence des acteurs, qui s'indignaient de leur repos forcé.

Que pouvaient MM. Joanni, Ligier, Desmousseaux, Beauvalet, Marius, Geffroy, etc., lorsque Monime, Hermione, Emilie, etc., leur faisaient faute? Ce n'était pas à la Comédie française comme au collége; il ne leur était pas permis de se travestir et de remplir à tour de rôle les emplois de jeunes princesses et des reines; contraints donc à se taire ils attendaient, et nous aussi nous regrettions d'être privés de leurs talents.

Car il ne faut pas croire que nos tragiques sont morts à tout jamais avec Lafont, Talma, Damas; ceux qui nous restent ont droit à nos éloges; et tout en eux nous répond que, l'impulsion donnée, le public revenant à nos solennités tragiques, eux, par un redoublement de travail, par des études opiniâtres, et secondées, par l'intelligence, le calcul et le génie, parviendront à nous rendre moins amère de jour en jour la perte des hommes habiles que nous regretterons longtemps.

Déjà l'émulation les gagne; déjà ces nobles athlètes, surpris, quoique charmés du triomphe de leur sublime camarade, veulent se rendre dignes de paraître auprès d'elles sans trop d'inégalité; et la justice du public leur prouve que, si d'une part on se livre à un enthousiasme inspiré par tant de jeunesse, de verve et de sublimité, de l'autre on reconnaît le mérite partout où il se montre. Ainsi, depuis les débuts de Mlle Rachel, on a vu MM. Joanni, Ligier, Beauvalet, appelés tour à tour, et partager l'ovation de la glorieuse princesse; M. Marius applaudi non en signe d'encouragement, mais en récompense de progrès marqués; ainsi est arrivé à Geffroy déjà si supérieur dans les deux rôles réellement tragiques du *comte de Givry* dans *Mme de Lignerolles* et de *Philippe II* dans *Don Juan d'Autriche;* à Maillard, créateur de *Bajazet*.

Il est certain que depuis la résurrection de la tragédie classique le public admire l'ensemble avec lequel nos chefs-d'œuvre sont représentés; l'enflure, la déclamation notée, les cris d'énergumène, les gestes outrés disparaissent et s'effacent; c'est une jouissance parfaite que la représentation de Cinna et de Mithridate; l'oreille est charmée de ce ton de conversation noble et non guindée que prennent ces habiles acteurs. Eux et Rachel parlent à l'unisson; jamais guerre plus franche, plus vigoureuse et mieux décisive n'a été faite au romantisme.

Que fait sur ces entrefaites le romantisme? Il agit toujours à rebours de ses maximes. Par exemple, il reproche à la déclamation tragique l'ampoulage hors nature; il lui recommande la simplicité, la vérité; et lui, dès qu'il met ses acteurs, ses actrices en scène, il les contraint à pousser d'horribles cris, à se crisper, à se contorsionner, à se livrer aux convulsions, à copier les hydrophobes; aussi met-il au lit de douleur ses interprètes; et la fatigue qu'il provoque finira par rendre asthmatiques ceux et celles qu'il chargera de débiter ses vers rocailleux et sa prose prétentieuse.

Voyez au contraire à la Comédie française nos

acteurs; voyez Mlle Rabut entraînée par l'exemple, car elle ne manque ni d'âme ni d'intelligence; on les écoute avec plaisir; ils débitent des vers admirables sans les chanter; la plupart du temps leurs gestes ne sont plus qu'aisés et que dignes ; et si, dans le rôle d'Oreste, on parvenait à concevoir que l'effet devient plus grand à mesure que l'on cherche moins à le marquer, il n'y aurait presque qu'à donner des éloges à l'ensemble qui règne dans le débit de cette tragédie incomparable.

Je le répète, qu'il nous vienne une reine comme nous avons une princesse, et comme celle-ci a une sœur, (Mlle Rabut) qui peut paraître auprès d'elle sans trop de désavantage, et grâce à cette adjonction nécessaire au complément de l'ensemble, alors, avec MM. Joanni, Desmousseaux, Ligier, Beauvalet, Marius, Geffroy, Maillard, etc., le Théâtre-Français sera digne de sa réputation ancienne et restera toujours le premier parmi tous ceux où l'on joue ces chefs-d'œuvres devenus européens.

Nota. Le public s'étonnne que Mlle Noblet ne paraisse pas à côté de Mlle Rachel ; il ne comprend pas pourquoi elle ne joue ni Andromaque, ni Athalie, ni Sabine, etc.; est-ce le comité qui se refuse à compléter l'ensemble de ces beaux ouvrages, ou bien Mlle Noblet serait-elle seule coupable? Dans tous les cas les amateurs félicitent Mlle Rabut, qui tout à la fois fait preuve de talent, de modestie et d'élévation d'âme. Que la jalousie est mesquine!!!...

www.ingramcontent.com/pod-product-compliance
Lightning Source LLC
Chambersburg PA
CBHW051921160426
43198CB00012B/1986